人生護身術道場

仏の智慧は最高の武器

今井幹雄
Imai Mikio

東方出版

人生護身術道場◆もくじ◆

付
遠くの富士山は美しいの巻――170

1　すべては「聞く」ことから始まるの巻

最近、異常事件が相次いでいます。神戸・須磨区の中学三年生による幼女を狙った通り魔事件や、あの小学児童殺害・遺体損壊という衝撃的な事件をはじめ、二十代無職の青年たちの性的欲望による幼少女襲撃や連続通り魔事件、そしてまた少年を含む三人組による女子大生誘拐や、再婚間もない妻の夫殺し・遺体損壊、更には国民の生命・財産を守るべき警察官や、次代を担う子どもたちに、人間の尊厳性を身を以て教え示さなければならない教師による破廉恥事件等々、数え上げたら際限もない有様であります。

そして、これらの犯罪を聞くたびに胸痛むとともに、痛切に思わせられることがあります。

それは、加害者は論外として、被害者の方に多少なりとも護身の心得や知識があったなら、或いは難を免れることが出来たのではないか、または被害を最小限に食いとめることが出来たのではないか——ということであります。わたしにはそれが大変残念に思われてならないのであります。

護身術は弱者のもの

護身術といえば、普通には空手や合気道などの拳法や柔道などの格闘技を想起し、激しく厳しい修練に耐え得る体力を必要とするもののように思われ勝ちですが、それでは本当の意味での護身術とは言えないのではないかと、わたしは考えているのであります。激しく厳しい修練に耐える体力のない女性や子ども、或いは病者という、いわゆる弱者と言われる人々の役に立ってこそ、護身術は護身術としての価値を発揮するものと言えるのであります。

そうしますと、弱者のための護身術の本領は、簡易速成でなければならないということになるのであります。

長期に亘る厳しい修練を必要とする複雑で高度の技は、勿論これを身につける能力のある人は、習得するに吝《やぶさ》かであってはならないのですが、弱者の今すぐの役には立たないのであります。

そして、簡易速成――すなわち簡単で誰にでも直ぐ出来る護身術の第一に掲げるべきものが、「聞く」ということであり、同時にこれは護身の基本でもあります。

危険に麻痺した現代人

今夏、相次ぐ弱者攻撃の異常事件続きのなかで、テレビなどに登場する人々のなかから出てきた共通の言葉は「このような恐ろしい時代になると、自分の身は自分で守るという心構えが大事になってくる」と言うことでしたが、わたしは図らずもこの言葉のなかに、現代人が如何に現代の危険に対して鈍感になり、自らの安全を他人任せにして来たか――を感じさせられたのであります。

旧い奴だとお笑いでしょうが、「治《ち》に居て乱を忘れず」という格言があります。平和な時にも万一の戦乱への備えを怠らないという心構えを教えているのですが、戦後の日本人は常に米国の核の傘の下にわが身の安全を任せ続けてきたせいか、自らの努力で自らを守るという、最も大事なことを忘れてきたようであります。

「羹《あつもの》に懲《こ》りて膾《なます》を吹く」というのは、失敗に懲りて不必要なまでに用心し過ぎることを意味するものですが、日本人は過去の戦争という羹に懲りて膾を吹くどころか、逆にわが身を守る用心さえも忘れ果ててしまっていたのであります。

その端的な例が、交通マナーの乱れであります。

最も頻繁に目撃するのが、横丁や路地から自転車に乗った人が、一時停止もしなければ、左右の安全を確かめもせずに、フルスピードでいきなり視界ゼロの角を曲がって、車の往来の激しい大通りへ走り去って行く姿であります。

狭い路地や横道から車の往来の激しい大通りへ出るには、然も横道と大通りとが交叉する地点の両側には大きな建物があって、大通りの左右が全く見えない場所であるにも拘わらず、何の逡巡もなくさっと大通りへ走り出てしまうことが、如何に危険であるかは誰が考えても判る筈であるにも拘わらず、その危険が全く意識されていないのであります。

　自転車走行者のこのような危険な行為に気づいた最初の頃、目立ったのは男子中学生でありましたが、最近では大人から子どもまで男女老若を問わず、このような自転車走行者を見ることが多くなりました。危険極まりないことであるにも拘わらず、その危険性の認識が無いのであります。

　要するに、現代の日本人の意識の底には、自分の安全は他人が守ってくれる——いや、守らなければならないのだという、虫のいい考えが根強いように思われるのであります。そして、その原因は、現代人が「聞く」という柔軟な心を失ったところにあるのではないでしょうか。

『葉隠訓』に、「武士道とは死ぬことと見つけたり」という言葉がありますが、わたしはこれをもじって「護身とは聞くことと見つけたり」と言いたいのであります。

　わたしは自分の人生をふり返ってみる時に、昔の親や教師は随分いろいろと人生の智慧を教えてくれたものだと、今更の如く有難く思い出されるのでありますが、幼少年期或いは青年期には、そのような親や教師を随分口うるさい親や教師だと思ったものでした。

然し昔の親や教師は、子どもたちにどれほど煩わしがられ嫌がられようとも、決して子どもに遠慮気兼ねなどするものではなく、厳しく言い聞かせたものであります。

そして、親の言い聞かせは概して小言であり、教師の場合は叱責であった。然もその小言と叱責は繰り返し繰り返しであり、わたしたちはその小言と叱責によって人生の智慧を教え込まれて来たのであります。

現在、そのような親子関係や師弟関係は通用しなくなりました。親子も師弟も同等の立場に立つ対話によって、互いに理解し合うことが大事だと言われる時代になりました。そして、それと同時に親は子どもにものの道理を言い聞かせることを止め、子どももまた「聞く」能力を次第に失っていったようであります。

そして、「聞く」能力の喪失は当然のことながら、護身の能力の喪失をも意味しているのであります。

『観音経』に学ぶ護身の法

『観音経』というお経があります。これは『妙法蓮華経』という長い経文中の、観世音菩薩の功徳を説かれた部分であります。

古来、この経典読誦による功徳は甚大とされ、特にその超常的な功徳を列記した偈文《げもん》は短いので、『般若心経』と共に最も一般に親しまれている経典で、その功徳のなかには、「軍陣中に怖畏《ふい》せんに、彼《か》の観音の力を念ずれば、衆怨《しゅうおん》悉く退散せん」とあるところから、戦時中には軍人にも信仰され、掌中経典をお守りとして懐中に秘めて戦地に赴く人も多かったようであります。

ところで、この『観音経』は、例えば「たとい害意をおこして大火坑《かきょう》に押し落とされんに、彼の観音の力を念ずれば、火坑変じて池とならん」というような功徳が列記してある為に、この現実には起こり得べくもない、絵空事のご利益ばかり並べ立ててあるから嫌いだと言った老僧がありましたが、実はこの『観音経』には、人間の常識的な想像を遙かに超える観世音菩薩（神仏）の大威神力によるご利益を、どのようにすれば受けることが出来るかという、その秘法が説かれているのであります。

では、どのようにすれば、人は観世音菩薩（即ち神仏）のご利益を受けることが出来るのでしょうか。

『観音経』は次の言葉で始まるのであります。すなわち、「その時に無尽意《むじんに》菩薩、即ち座より起ちて偏《ひと》えに右の肩を袒《はだぬ》ぎ、合掌し仏に向って是の言《ごん》を作《な》さく。世尊《せそん》、観世音菩薩は如何なる因縁を以てか観世音と名づくる」と。

すなわち『観音経』は、無尽意という菩薩が、世尊（仏）に向って「観世音菩薩は何故に観世音菩薩と名づけるのですか」と聞く（質問する）ところから始まるのであります。

そして、無尽意菩薩のこの質問に対して仏が、かくかくしかじかの理由で観世音菩薩と名づけるのであると、その理由を説いておられるのが『観音経』の内容なのであります。

古来、『観音経』は読誦の功徳甚大といわれ、読誦によって救われた人はまさに無量といわれていますが、ここでわたしたちが肝に銘じておかなければならないのは、もし無尽意菩薩の質問がなかったならば、仏がその理由を説かれることもなく、従って『観音経』が世に顕現することもなく、読誦によって救われる人もなかった――ということであります。

そして『観音経』が先ず冒頭に教え示しているのは、「聞く」ということが如何に大事であるかということであります。

わが内なる観音力

それは、『観音経』を読み進めば尚更に痛感されてくることであります。

先にも述べましたように『観音経』には、人間の常識を越える、いわゆる超常的な功徳の数々が列記されています。

例えば、「若し是の観世音菩薩の名を持《たも》つことあらん者は、設《たと》い大火に入るとも、火も焼くこと能わず。是の菩薩の威神力に由るが故に」というようにであります。

そして最後には、「須弥《しゅみ》の峰に在って人の為に推し落とされんに、彼の観音の力を念ずれば、日の如くにして虚空に住せん」とか、或いはまた、「王難の苦に遭い刑に臨み壽《いのち》終らんとするときに、彼の観音の力を念ずれば、刀尋《つ》いで段々に壊《お》れん」というような数々のご利益が説かれているのですが、『観音経』がここで教えているのは、観世音菩薩の大威神力による救いが如何に想像を絶するものであるかということであります。

では、そのような想像を絶する功徳はどのようにすれば戴くことが出来るかといえば、「彼《か》の観音の力を念ずれば」いいのでありますが、ここで留意すべきは「彼の観音の力」を念ずるのであって、ただ観音の力を念ずるのではないということであります。

ではまた、「彼の観音」とは如何なる観音かといえば、それを教えているのが実は『観音経』なのであり、『観音経』を静かに読誦していけば、おのずから教えられるのであります。

すなわち、『観音経』には順を追って次の言葉が続きます。

「是の観世音菩薩を聞きて」「一心にみ名を称えなば」「み名を称えるを聞かば」「観世音菩薩を恭敬《くぎょう》せば」「常に念じて」「礼拝し供養せば」「観世音菩薩の名号を受持せば」と。

すなわち、先ず最初は観世音菩薩の名号を「聞く」こと。次に名号を「称える」こと。そして次に「念じ」「恭敬し」「礼拝し」「供養する」ことによって、観世音菩薩をわが心奥（深層意識）に「受持」することになるのであり、そしてこの時「観世音菩薩の名号を受持せば、是くの如くの無量無辺の福徳の利を得ん」と言うことになるのであります。

では彼の観音とは、わたしたちが常平生にみ名を聞き、「南無観世音菩薩」と名号をお称えし、念じ、恭敬し、礼拝供養し続けてきた——すなわち、常に拝み続けている観音——いわばわが心の内なる観音ということになるのであり、「彼の観音力」とは、わが内なる力でもあるということになるのであります。

偈文に列記されている功徳に於ける危難は、すべて人力ではいかんともし難い絶体絶命の苦難を意味しているのであります。

すなわち人は、自らの力でまだ何とかなる間は、心の底から神仏に救いを求めることはないのであり、自らの力では最早いかんともし難い絶体絶命の立場に立たされた時初めて、心の底から「南無観音」と、神仏のみ名を叫び念じ救いを求めるのであります。

そしてその時、わが内なる観音（神仏）は、わたしたちの想像を絶する大威神力を現じて救いを実現されるのであります。

そして、ここで最も大事なことは、人間如何に絶体絶命の苦境に立ったからといって、常平生に神仏のみ名を聞くこともなければ信仰もしていない——すなわち、わが内に神仏を持たない人には、神仏の名を呼び、救いを求める心の起こりようがないということであり、常平生の信仰が如何に大事であるかが、自らが苦境に立った時に初めて思い知らされるということであります。

護身術の基本は謙虚

護身術に於いても同じであります。

自らが平穏無事なる日常に於いて修練を続けてこそ、いざという時に咄嗟に修練の技や智慧が身を護ってくれるのですが、観世音菩薩（神仏）の大威神力を受ける信仰の基本が「聞く」ことにあったように、護身術の基本もまた、教えを「聞く」ことにあるのであります。

世間にはよく、「どうせ聞いても忘れるから」とか、いろいろの理屈をつけて神仏の話には耳を貸そうとはしない人があり、そういう人に限って、今度は、神仏ならば信仰する者にもしない者にも平等にご利益を与えるべきだ――などと、神仏を誹謗するものですが、自らがわが内に神仏を持たざる限り、神仏の働きようがないことに気づかなければならないのであります。

そして、「聞く」ということは「利く」ということでもあり、同時に「謙虚」ということでもあるのです。すなわち、聞くという謙虚さの故に教えが身につき、「利く」すなわちその効果が現れるということになるのであります。

わたしたちが小学生の頃によく先生に言われた言葉に、「聞けども聞こえず」というのがありますが、教えを受けるという謙虚さが無ければ、どれほど口うるさく言って聞かせても「聞こえて」はいないのであります。それでも親や教師は、子どもたちに言って聞かせなければならないのであります。

如何にうるさい、喧しいなどと口答えをして、聞いていないふりをしていても、繰り返し繰り返し言い聞かせているうちに、深層意識が聞いているのであり、それがやがて自らが苦境に立たされた時に、記憶の底から蘇ってきて助けてくれることになるのであります。「あの時聞いておけばよかった」「あの時教えて貰っておけばよかった」と臍《ほぞ》を噛む思いの時が人生にはあるものであります。

これはわたしが折に触れて書いてきたことですが、曽て生死を分かつほどの重度の胃穿孔になり、手術を待つ間の悶々の日々に、ふと、わたしの耳に蘇ってきたのが、生前の父がよく言い聞かせていた施餓鬼《せがき》の功徳でした。

そして、父の言葉の故にわたしは施餓鬼を修することによって手術することもなく、医師も驚くほどの快癒を得て、今日に至っているのであります。

施餓鬼の功徳について経文には、「もし比丘比丘尼《びくびくに》等この法を修すれば、便ちよく無量の福徳を具足し、百千万億の如来に供養するに等しく、寿命を延長し色力を増益し、悪鬼羅刹等に侵害せらるることなし」と説かれております。すなわち、施餓鬼修法には長寿と健康増進の功徳が説かれているのですが、わたしはそれを実証させて頂いたのであります。まさに、仏の智慧こそは最高の護身の武器なのであります。

それにしても、現代は余りにも「聞く」能力を失いつつあるように思われてならないのであります。そして、聞く能力の喪失はとりも直さず智慧の喪失であり、同時に護身の能力の喪失をも意味しているのであります。

経典のすべてが「如是我聞《にょぜがもん》」、すなわち「是《か》くの如く我《われ》聞く」の一語に始まる所以がここにあります。

聞くこと——これこそが護身術の基本であり、常平生に聞いていたことが、一旦緩急《かんきゅう》の時に身を護ってくれるのであります。

2　慧眼人を見抜くの巻

難を避ける智慧の話

前回は護身術に於ける「聞く」ことの大事をお話しさせて頂きましたので、今回は「見る」ことの大事についてお話をしたいと思います。

ところで、このように申しますと、なかには、いや大方の人がそうではないかと思いますが、聞くことや見ることが大切であるぐらいのことは誰にでも判っていることだから、そのような判り切った前口上は抜きにして、単刀直入、護身の実技についての話にして欲しいと思われるに違いありません。

現在の道場のことは存じませんが、わたしたちが護身術を学んでいました当時は、何しろ「精神一到何事か成らざらん」「断じて行えば鬼神もこれを避く」などと言って、精神主義花盛りの時代でしたので、道場では先ず師範による精神訓話が長々と続いたものでした。

何分にも物の豊かな現在と違って、物質窮乏の戦時中のこと、精神と「神風」以外に頼るべきものを持たなかったのですからやむを得ませんが、考えてみますと、当時は敵の物量作戦に対して日本軍部は「念力」で対抗するつもりだったのでしょうか。

閑話休題《それはさておき》。当時のわたしたちもまた、精神訓話の類《たぐい》は好きではありませんでしたが、稽古の合間や稽古を終った後など、折に触れて聞く師範の人間味溢れる護身に関する心得などの話には心惹かれて、幾歳月を経た今もなおその教えは、厳しさのなかにも慈しみを秘めたその面影や、耳底に残る懐かしい声音《こわね》と共に、わが胸中深くに生き続けているのであります。

護身とは予防である

勿論、わたしも若い頃は相手に技をかけたり、或いは相手の技をはずしたりという実技こそが最大関心事で、心構えや知識などの話は実技の前には無用の長物のように思ったものです。

然し、今にしてよくよく考えてみますと、長い人生途上には幾たびか危難にも遭遇し、そして危うく難を逃れて来たものですが、そのいずれの場合もわが身を救ってくれたのは、道場で実際に学んだ実技ではなくして、折に触れて聞いた師範の教えであり、先人の智慧だったのであります。

護身とか護身術といえば、わたしたちは直ぐに暴漢などに襲われるような場合のみを想起しがちですが、病気から身を護るのも決して等閑視してはならない護身術の一つでなければならないのであります。

昨年猛威を振い、今年もまた既に多数の患者を出している病原性大腸菌O―157から身を護る術《すべ》は、一にも二にも徹底的に清潔にすることと言われていますが、健康維持に最も大事なことは予防であるように、護身術に於いても最も大事なことは、危難に遭遇してからどうこうする以前に、智慧によって危険を避ける――すなわち、予防することでなければならないのであります。

そして、その予防の為には知識が必要となってくるのであります。

ワイパーが動かない

例えば、俄の激しい雷雨に遭遇したとします。知識のある人なら高い樹木の下や金属の側を離れるとか、急いで屋内に入って濡れた体を拭くとか、或いは家のなかでは昔は蚊帳のなかに入ったものですが、これは蚊帳の材料である麻の繊維が電流を遮断すると信じられていたからですが、蚊帳のある生活をしていた時代とは較べられないほど科学知識が一般化している筈の現代、不思議なことに落雷から身を護る知識皆無の若者が多いのは何故でしょうか。

曽て、このような話を聞いたことがあります。新車を買って間もない若い女性が、雨中走行中に交通事故を起こしたのであります。

車は車種や年式によって装備に多少の相違があります。同じ車種でもモデルチェンジした新車では、ボタンの場所や操作方法が違う場合があるのですが、その女性は買い換えた新車の装備についての詳しい説明を聞かないまま走行中、俄の驟雨に遭遇し、咄嗟にワイパーを動かそうとしたものの、操作が旧車と違っていたためにどうすればいいか判らず、まごまごしているうちに忽ち視界零となって、ガードレールに車をぶっつけたというのであります。

不幸中の幸い、人身事故にはいたらなかったものの、買ったばかりの新車は潰してしまったというのですが、ほんのちょっとしたことでさえ、知っていなければならないことを知らないと、大変なことになるのであります。

防御即攻撃の理念

では、話を本題の「見る」ことに戻しましょう。

「見る」ことの大事は、「聞く」ことに次いで大事という訳ではなく、「聞く」ことと共に大事であって、優劣順位をつけられるものではありませんが、時には「聞く」こと以上に大事な場合があります。

何故なら、「聞く」ということは「教えを聞く」「人の言うことを聞く」というように、どちらかといえば受動性が強いのですが、「見る」ということには能動性、積極性、主体性が強いからであります。

すなわち、「聞く」には他の人の教え（言葉）に従うというニュアンスが強いのですが、「見る」には自らの意志によって「見る」という主体性が強いのであり、「聞く」には他人の言葉に耳傾ける柔軟性、そして「見る」には自らの意志を貫く鞏固さが象徴されているのであり、この両者が相俟ってその真価を発揮されてこそ、真の護身術となるのではないかと思われます。

「攻撃は最大の防御」という言葉があります。多分それは真実でありましょう。だが「空手に先手なし」という言葉もあるように、本来身を護るべき護身術に先制攻撃などある訳がなく、いや、あっていい筈がなく、日本の自衛隊同様「専守防衛」でなければならないのですが、先の「攻撃は最大の防御」という諺が示すように、攻撃を伴わない防御はなく、かといって「空手に先手なし」の精神を遵守することになれば、護身術の本領は「防御即攻撃」でなければならないということになるのであります。

「防御即攻撃」とは、防御がそのまま攻撃になるということであります。先ず相手の攻撃を防御しておいてから攻撃に移るのではなく、相手の攻撃を防御することがそのまま、相手に対する攻撃となるということであり、防御と攻撃との間には一髪の間隙もないということであります。

この防御即攻撃は護身術の実技に於いて特に重要となるのですが、いまここに説く所以は、「聞く」と「見る」との関係をも象徴するものだからであります。

すなわち、わたしたちは日常この「聞く」と「見る」とを別々に働かせ、或いは意識して生きているのではなく、「見聞《けんぶん》」と言われるように、「見る」こと「聞く」ことが一体となって生きているのであります。

鋏は返事をしない

子どもの頃によく母親に言われた言葉があります。それは例えば、縫物などしている母に鋏《はさみ》をとってくれと頼まれたとき、「鋏は？」などと鋏の在処《ありか》を尋ねたりすると、決って「鋏は返事はしない」言われたものであります。

鋏に限らず、自分自身の探し物をするときでも、つい「何々は？」などと口にしようものなら、「呼んだらそのものがハーイと返事して歩いてきてくれるのか」と窘《たしな》められたものであります。

今にして想えば、それは母が、探し物一つにしても自らが主体的に探す努力をせずに、あわよくば他に頼って安易に探し出そうとするわが子の、甘ったれ根性を直そうとしていたのでありましょう。

探し物——それは見つけ出すこと、すなわち「見る」ことの訓練であり、飽くまでも自らの主体性を養うことに他ならないのであります。

このように昔の親は事ある毎に、聞くことと見ることによる柔軟性と鞏固性《きょうこ》——すなわち、わが子の精神の強靱性を養成したものであります。

そして今わたしは、何故若い者たちはこんなにも物を見つけ出す能力が乏しいのだろうと慨嘆しながら、母と同じように「鋏は返事をしない」と言っているのであります。

危険には早く気づく

「見る」ことの大事は、ものの真実相を知ることであります。聞いて判らなかったものも、見れば一目瞭然であります。然しその前に、そのものを見つけ出すことが大切であり、幼い頃から自分で探し物をする訓練をしてきた人は、何事に於いても素早く見つけ出し、或いは見分ける能力を身につけているものであります。

そして、この能力は車の運転に際しては特に要求されるものであります。

速度違反の取締りは大抵、最高速度を表示する道路標識を通り過ぎた場所で実施されているものです。ところが違反で捕まったときには、必ずと言っていいほど、その標識を見落としているものであります。

それは、普段わたしたちが慣れてしまって何でもないことのように思っている「見る」ということが、如何に難しいことであるかを物語るものですが、車運転中は特に素早く見つけ、見分ける能力が必要であります。

道路標識は見落とさない。歩行者の行動には充分注意する。そしてパトカーや白バイ、警官の姿は素早く見つける――これが大事であります。従って「見る」ということには、素早く見つけ出す、見分ける、そして、その真実相を知るという要素があるのですが、そのほかに、現実に見るそのものの姿――すなわち現象を通して、その奥に隠されている姿を見抜くという大事な要素があるのであります。

護身術に於いて最も大事なことは危険を避けること――予防にあると言いましたが、素早く見つけ、素早く見分け、相手の姿を知り、そしてその奥に隠されている本当の姿を見抜くということは、これ悉くが危険を避けるために不可欠の要素なのであります。

暗い夜道では、後をつけてくる不審人物には早く気づかなければなりません。そして、それなりの対処を早くすることが大事であります。危険は常に手遅れという名のもとにやってくるのであります。

現象の奥を観る

仏教には、「観」という文字がよく用いられています。お経にも『観音経』『観無量寿経』などがあり、また有名な『般若心経』は冒頭「観自在菩薩深般若波羅蜜多《かんじざいぼさつじんはんにゃはらみた》を行じ給うとき、五蘊《ごうん》は皆空なりと照見して一切の苦厄を度し給う」とあるように、先ず「観」の一字に始まるのであります。

「観自在菩薩」とは「観世音菩薩」の新訳であるといわれていますが、「観ずること自在なる菩薩」と訳されるよりも、「世音」すなわち、わたしたちの声を観じてくれるという「観世音菩薩」の方が、わたしには親しみ易く懐かしく想われるのであります。

閑話休題。では、何故に仏教には「観」という文字が多いかというと、それは「観」というのが、ただ単に物事の姿形を見るだけではなく、眼に見える現象を通して、その奥に隠されているものを見抜く働きを表しているからであります。

弘法大師の御著作『般若心経秘鍵《ひけん》』に、「真言は不思議なり。観誦《かんじゅ》すれば無明を除く。一字に千理を含み即身に法如《ほうにょ》を証す」というお言葉があります。

すなわち、仏の言葉といわれる真言陀羅尼《だらに》にはその一字一字に、人語を以ては解説し得ない深遠微妙なる真理が含まれているというのであり、その一字に千理を含む真言陀羅尼の万分の一を表現し得るものが漢字なのであります。

わたしは、インドに生まれた仏教が、大乗仏教として日本に根づき得たのは、この真言陀羅尼が中国で漢字に邂逅し、漢訳経典となって日本に請来《しょうらい》されたからだと思うのですが、その漢字は「見る」こと一つを例にとっても「見」「視」「観」「察」と様々な文字があり、それぞれに深い意味があります。それはとりも直さず、わたしたちの「見る」という作用じたいが如何に複雑で深いものであるかを教えるものでもあるのです。

心眼とは智慧の眼

わたしたちの若い頃しきりに言われながら、最近は余り耳にしなくなった言葉に「心眼」というのがあります。

すなわち、肉眼でそこにある物体や事象を見るとともに、心眼を以てその奥に隠されて見えざる真理、或いは実体を見抜けというのであります。

仏像のなかには両眼の他にもう一つ、額の眉間の辺りに縦になった眼をもつ方がありま す。これは形像的にはかなり不気味ですが、恐らくこれが心眼を象徴しているのでありましょう。

人間の体のなかで打ち方が悪いと命にかかわる危険（大事）な場所を「急所」といい、眉間もその一つですが、額――特に眉間は白毫《びゃくごう》の位置、すなわち智慧の働きを象徴するものですから、仏像の額の眼は智慧の眼ということになり、同時にまた、心眼とは智慧の眼であるということになるのであります。

わたしたちは先ず肉眼を以て物事を正確に見、正確に認識することが大事でありますが、その肉眼を通して、そのものの奥にあるものを見抜く智慧の眼を養う訓練をすることが大事であります。

「表情を読む」という言葉があります。相手の表情から、相手が何を考えているのか、何をしようとしているのかを察知することを言いますが、読むといっても別に顔に文字が書いてあるわけではないのですから、心眼を以て見抜くということになるのでありましょう。

　では、心眼とは何かといえば、既に言いましたように智慧の眼——すなわち「慧眼《けいがん》」ということになるのであります。簡単に言えば「賢さ」ということであります。

　そして、現代から最も失われているのが、この賢さではないかと思われるのであります。

智慧は用心する

　護身に於ける要諦《ようたい》はたびたび言うように、危険を事前に察知して危険に近づかないことですが、これを「見越しの術」と言います。

　昨年、京都の中学校で、教諭と生徒が調理したカレーライスに、玉ねぎと間違って水仙の球根を使ったために食中毒を起こすという事件がありました。

　この中学校では菜園に野菜や花を栽培しており、収穫した玉ねぎと水仙の球根を籠に入れて、同じ倉庫に保管していたのですが、教諭が玉ねぎと水仙を間違えたというのであります。

ここには実に多くの教訓が暗示されているのですが、この事件から読者は何を思われるのでありましょうか。

先ず第一に指摘されるのは、間違い易いものを同じ場所に置いてはいけないということでありましょう。

この事件は、水仙の球根の毒が弱くて、人命にかかわるところまでは至らなかったのは不幸中の幸いでしたが、これがもっと毒性の強いものであれば、多くの人命が奪われかねないのであります。

玉ねぎに比べて水仙の球根の方が少しだけ小さかったそうですが、最近はその程度の見分けも出来ない先生方も多いようであります。

従って間違い易いもの——特に食品や薬品など人命にかかわるものは絶対に間違い易い場所に置いたり、或いは紛らわしい容器に入れたり、似たような包装をしたりしないようにすることが肝要であります。

にもかかわらず、最近は病院などでも、麻酔に際して麻酔ガスのボンベと酸素ボンベとを間違えたり、或いはその他の薬品を取り違えたりというような迂闊ミスによる人命事故が多いようでありますが、これなども医療に携わる人々に、自らの仕事が如何に人命にかかわる重大事であるかの自覚が足りないからであると同時に、矢張り間違い易いものを同じ所に置かない、或いは誰もが一目瞭然間違えないように区別して置くという、細心の配慮が足りないところに生じる事故ではないかと思われるのであります。

つい先頃も、見た目は勿論、香りもソフトクリームにそっくりの石鹸や、洋菓子そっくりの芳香剤が作られ、主婦の間にも好評であるとのニュースを、某局のテレビが報じていました。

折角の新製品にケチを付ける訳ではありませんが、何故、食品と間違えるような石鹸や芳香剤が作られたのか、誤って幼い子ども達が食べたりしないように、呉々も用心するようにとの注意は、ニュースを報じたアナウンサーからは一言も聞かれなかったのであります。

これに対して、間違いが起らないように事前に用心する人は、見えざるを見る智慧の眼（心眼＝観）を持つ人と言えるのであります。何故なら、現在の状態から必ず起るであろう将来の事態を予見して、未だ起らざる前にその危険を除く——すなわち、危険に近寄らないからであります。

すなわち、その人の智慧が、現状——すなわち見える事象から見えざる将来の事象（危険）を観じて用心をするのであります。では、用心は智慧がするのであり、不用心とは智慧無き行為と言えるのであります。

精神を育てるもの

ところで、この玉ねぎと水仙の球根の間違い事件で、わたしが最も力説したいのは別のことであります。

この事件の記事を読みましたときに、先ずわたしが思ったのは、このような事故が起る前に、もしも誰かが、このような紛らわしいものを同じ場所に置くような危険なことをしてはならないと注意をしたとすると、現代では先ず素直に「はい、すぐに直します」と聞き入れる者は少ないに違いないということであります。

事故は起ってしまってからでは遅いのであります。従って、事故は避けることが護身なのであります。

危険を避けるためには、事前の用心が如何に大事であるかを縷々述べてきました。従って、危険を避けるためには、自らが事前に用心すると同時に、他の人々にも用心して貰わなければならず、そのためには平穏無事なる日常にこそ護身の心得を説き聞かせ、用心を心がけるようにして貰わなければならないのですが、とかく人間は、何事も起っていない平穏無事な時には、親や先輩の注意を素直に聞こうとはしないものであります。

いや、素直に聞かないのみならず、人生の大事を教えて貰っているにも拘わらず、逆に「煩わしい」とか「判っている」「聞きとうない」などと言って怒ったり、気分を害したりするものであります。

そして、最近は特にその傾向が強いようであります。学校を例にとれば、それは必ずしも生徒のみのことではなく、先生も同じでありましょう。

何故なら、現代の若い先生たち自身が、人間としての大事や、人生の智慧というようなものを、日常茶飯に親から言い聞かされて育って来ていません。従って、そのような習慣がない上に、先生の場合は特に、自らは常に教える立場であって、決して教えられる立場だとは考えていないから尚更に、人の言葉が素直に耳に入らないのであります。

キリストに「人はパンのみにて生きるには非ず」という言葉があります。それは、人間は肉体のみで生きるのではなく、精神とともに生きるものであれば、肉体が育つために糧が必要であるように、精神にもその成長のための糧が必要であるというのでありますが、精神を育てるものは言葉であります。

従って、言い聞かせることと、教えを聞くということがともに如何に大事であるかを肝に銘ずることが肝要であります。では、家庭も学校もともにこの習慣を失った現代は、親も子も教師も生徒もともに精神の成長を停止しているのであります。

小言幸兵衛の嘆き

「小言幸兵衛」という落語を聞いたことがあります。幸兵衛という主人が、家族や店の番頭や丁稚たちに小言ばかり言う話だったと思いますが、昔の親はわが子に対してよく小言を言ったものですが、最近の親には余り見られなくなったようであります。

わたしは別に小言を奨励しようと思っている訳ではありませんが、わが子に対して小言を言わなくなった現代の親は、その分わが子に対して薄情になったのではないかと思われるのですが——。

小言というものは決して褒められるものではありません。然し、わが子に対して良かれと思えばこそ、親は注意をしたり叱責したりするのであって、それが際限もなく繰り返されることによって、やがて小言に変わるのであります。

では、小言というものは、事前の教訓や注意が如何に無視され、聞き流されているかを物語るものでもあるようであります。

従って、今まで散々小言を言っていた親や先生、或いは上司が或る日を境に小言を言わなくなったとしますと、それは俄にその人が物分かりが良くなったのではなくして、今まで小言を言っていた相手を見捨ててしまったのに他ならないのであります。

そして、そこに残されるものは深い悲しみのみであります。

先にも亡き父の言葉を想起して施餓鬼で救われた話をしましたが、このように、自分が本当に苦境に立ったときに、常平生に聞いていた親や先輩の言葉が蘇ってきて、助けてくれるのであります。

剣豪の見越しの術

剣豪の塚原卜《ぼく》伝に、次のような話があります。

卜伝には三人の子どもがあり、それぞれにひとかどの剣客に成長し、このうちの誰が卜伝の後継者になるかが注目されていたのですが、或る日卜伝は自室の戸の上に木枕を挟んでおいて、三人のわが子を一人ずつ自室に呼んだのであります。

先ず最初に呼ばれた三男は、戸を開けるなり電光石火の早業で、落ちてくる枕を真っ二つに斬り、然も枕が下に落ちたときには刀は既に鞘に収められているという見事な技を披露したにも拘わらず、「この未熟者めッ」と、卜伝に一喝されたといいます。

そして、次に呼ばれた次男は、戸を開けた途端、落ちてくる枕を静かに手に受けて部屋に入り、最後に呼ばれた長男は、最初から枕に気づいて、枕を取ってから戸を開けて入ってきたのであります。

三男は如何に早業を見せようとも、枕に気づかないばかりか、相手が何者であるかさえ見定めずに刀で斬って捨てるなどは、当に未熟の見本のようなものであり、これに比べると次男の方は、落ちてくるものが木枕であることを見定めただけは褒むべきであるが、戸を開ける前に既に枕の仕掛けを見破った長男に比べると、未だ未熟と言わざるを得ないのであります。

恐らくこれは、後世作られたもので事実ではないと思われますが、真の護身術とは何かを示す貴重な物語でありましょう。

同じような話が、矢張り卜伝にあります。

或る日、卜伝の高弟の一人が歩いていると、繋がれていた馬が突然暴れ出して、その高弟を蹴り上げたのであります。これを目撃した人々が「あっ」と思わず息を呑んだ瞬間、その高弟はひらりと蝶のように飛んで、見事に難を避けたのであります。

その余りの見事さに、「さすがは剣聖卜伝先生の高弟、きっと先生の跡継ぎになるに違いない」と評判になり、これを卜伝に注進に及んだのですが、これに対して卜伝曰く「そのような未熟者にはわしの跡は譲れない」と。

ならば卜伝は如何なる妙技を見せるか試そうというので、卜伝の通り道に凶暴な暴れ馬を繋いでおいたところ、これを見た卜伝はささっと馬から離れたところを通り過ぎて行ってしまったというのであります。「君子危うきに近寄らず」こそが護身術の真髄なのであります。

初めて弟子たちを伝道の旅に出すに際してキリストが言った言葉に、「汝等蛇の如く聡く鳩の如く従順なれ」というのがありますが、うちに潜む危険を見抜く慧眼こそが身を護るのであります。

3 押売りの苦手は家の外の巻

押売り歓迎の帰巣本能

誤解されては困ります。筆者に押売りの経験はありません。だが、考えれば、人目のない家の中なればこそ、押売りという強面《こわもて》の商売が成り立つぐらいのことは直ぐに判る筈であります。

にも拘わらず、押売りの被害常に絶えず、特に押売り変じて強盗と化すとは古来教えられてきたことですが、その被害もまた跡を絶たないのは何故でしょうか。女性に帰巣本能があるからであります。

たまたま在宅して、訪問販売などに対する女たちの応対を見ていますと、まことに面白いのであります。概して相手が女性販売員の場合は、相手を外に立たせたまま玄関先で応対して帰す場合が多いようですが、相手が男の場合は、何故か玄関の中に入って上り框まで来ている。なかには家人の方が土間に突立って、販売員の方が悠然と上り框《かまち》に腰を下ろしている場合があります。この構図は、先ず押し売りと思って間違いありません。大抵やがては筆者の出番となるのであります。

玄関先で応対出来る販売員は、先ず問題ありません。「御免下さい」と声をかけて、家人が出てくるまで玄関の外で待っている位ですから、良質の販売員と考えていいようであります。女性でずかずかと入り込んでくるのは宗教の勧誘が一番多いようであります。

当方は寺、いうなれば特定の宗教を職業としているプロですが、そこへキリスト教関係の勧誘員が頻繁にやってくるのであります。「うちはお寺ですから」と言っても、「寺だろうと無かろうと、そんなこと関係ないです。本当の宗教の話を聞きなさい」とくる。まさに「デューダ（転職）」の強要であります。

女たちの応対を聞いていると、まことに下手であります。その点、信者一人、檀家一軒勧誘する必要のない深窓育ちの寺の女どもに太刀打ち出来る相手ではない。しどろもどろ、

「お寺ですから」の一点張りである。見かねて筆者が出ることになります。

「宗教の話ともなれば立ち話という訳にも参りますまい。まあ、お上がり下さい。あなたの宗教の話をとくと伺いましょう。その代わり、あなたの話が終ったら、今度は仏教の話をとくと聞いて貰いますよ。わたしも一寺を構えている以上、宗教のプロだ。一方的に他の宗教の話だけを、然も素人に聞かされて、あなたを帰したとあっては、本尊さまにも宗祖さまにも歴代住職方にもまことに申し訳がない。それを承知ならお上がり——」

まずこれで、大抵の勧誘員は「結構です」ときます。

筆者の執筆室は京都のワンルームマンションですが、マンションという所も訪問販売の多い所であります。

チャイムを鳴らしてやってくるのは、若い女性販売員が圧倒的であります。ステテコスタイルでいるとき(夏場は殆ど)など、迷惑千万であります。最初の頃は一々にズボンをはいて出ていましたが、きりがないので面倒になり、坊主頭のステテコスタイルで「男の一人暮らしや、よかったら入ってくれ」。これで大抵は逃げ出すものであります。

撃退する方はそれでいいですが、こんなところへ訪問販売に来る若い女性は一体何を考えているのでしょうか。どういう人間が住んでいるか知れたものではありません。現に、筆者の二つ隣の室は暴力団関係者が住むらしく、それ特有の怒声がよく聞こえてくる上に、一見してそれと判る若い男が入れ替わり立ち替わり出入りして、時に鉢合わせすると、坊主頭の筆者を、さも何者ならんというが如くに、上目遣いに伺ったりもしているのである。若い女性販売員たちは、もし引きずり込まれたら――とは考えてもみないのでしょうか。

余談はさておき、男の販売員が玄関の中に入り込むには二つの場合があります。当の販売員の方が厚かましく、家人が応対に出る迄にさっさと中へ入り込んでしまう場合と、玄関先で応対していたのが、何時の間にか相手の迫力に押されて家人の方がじりじりと後ずさりしてしまった場合とでありますが、問題はこの後者の方であります。

相手がオッカナイと女性は本能的に家の中へ逃げ込みたくなるものですが、それが一番危険、女の帰巣本能は押売りの最も歓迎するところであります。つい先頃も、久しぶりに帰った我が家で面白い話を聞いたのであります。

女と押売りの智慧比べ

女房殿が一人でいるところへ、例によって押し売りが入ってきました。押し問答をしているうちにその男、女房殿にすり寄って太股の辺りを撫ではじめたというのであります。

「ほう、お前もまだ結構モテるんだなあ。それでどうした?」

「阿呆らしいからさっさと奥へ引っ込んだわ」と。

それがいけないのです。その押売り、真正の痴漢だったかも知れませんが、ひょっとしたら、家の中に他に誰か居るかどうかを探ろうとしたのかも知れません。

大体、押売りなどしようとするくらいの奴なら、玄関で先ず履物などを確かめるものであります。脱ぎ捨てられている履物で、他に家人が居るか、男が居るか、女子どもだけか、おおよその判断はつきます。だから昔は、特に大きな男物の下駄をきちんと揃えて置いていたものだし、履物は脱ぎ捨てにせずに、きちんと下駄箱に揃えて仕舞う習慣をつけるようにしたものであります。これだと履物で家人の有無など見当のつけようが無いのであります。

なにしろ当方は寺ですから、至って奥が深く、それに薄暗い。どのような家人が居るのか、玄関先では見当がつけ難い。押売りや空巣狙いにとってはここがやり難いところですが、また一方、一人で居るところへ押し入られてしまうと、これがまた救い難いところでありま す。何をされようと、ちっとやそっとの物音では外には聞こえないのであります。だから押売り、女房殿の太股のあたりなど撫でたら、普通だったら「きゃあッ」と大声を上げるに違いないから、そうすれば奥に誰かが居れば、何事ならんと飛び出してくるに違いないし、誰も出てこなかったら女房殿一人、怪しからん振舞に及ぶか、居直り強盗に変身しようと考えていたのかも知れません。

ところが幸か不幸か、それとも知らぬ女房殿、泰然自若として騒がず奥へ引っ込んでしまったので、その落ち着きぶりから察して、恐らく奥へ亭主を呼びにでも行ったのであろうと早トチリして、早々と退散したのでありましょうが、これがもし奥へついて来られていたら、もう救いようが無いのであります。

押売りが来て、もし危険を感じたら、相手に油断させるような態度でさっさと外に出て、「火事だあッ」と騒ぐことである。家の中に赤ん坊を寝かせていようと、気にすることはない。家人に戸外に逃げられたのに、悠々と家の中に入って赤ん坊に危害を加えたりする馬鹿はいない筈である。間違っても無人の家の中へ逃げ込んではならないのであります。

4
加害者の車には乗るなの巻

深夜の交通事故

数年前、わたしは輪禍に遭遇しました。

京都は南区八条交差点の横断歩道上を、青信号に従って横断中、車体を軋ませながら京都駅方面から右折してきた酒気帯び運転車に、まともに衝突されたのであります。

車種はホンダのシビック。一般車より少し小型で、車高がやや低めである。それが幸いしました。

毎月遠くからわたしを訪ねてくる人があり、京都の定宿は京都駅八条口の新・都ホテル。わたしの事務所から徒歩十分の近さであります。

その日も話し込んで、深更に及んだのであります。何時の間にか外は雨になっていました。傘のない客人を、わたしはホテルまで送って行きました。ホテルに着くと、彼が如何にも名残惜しげに「先生、お茶でもどうですか」と誘ってくれたのでした。

一瞬、チラッと心が動いたものの、濡れた傘の置き場所がホテルの外にあったし、時刻ももう十二時をとっくに過ぎていたので、わたしは敢えてそれを断ったのであります。そして、その戻り道で輪禍に遭遇したのであります。

「一寸先は闇」だとよく言われます。まことにその通りですが、自らがその闇に遭遇するまでは実感は乏しいものであります。

本能的に「来たッ」と直感して横断歩道上に立ち止まったとき、車とわたしとの間隔はまだ三、四メートルはありました。だから瞬間、わたしの脳裏には、運転者が咄嗟にハンドルを切ってくれるに違いない――という期待が生じたものです。その余裕は充分でした。だが、酒気帯び運転車はその期待を裏切って、立ち止まっているわたしをめがけて突進してきたのであります。もともと反射神経の鈍い運転者だったのか、或いは酒気が咄嗟の判断を鈍らせたのかも知れません。

咄嗟にわたしは「死ぬッ」と思ったのですが、その瞬間不思議にも「仕方がないッ」という諦観のようなものが脳裏をよぎったのを、今なお鮮明に記憶しているのであります。

無意識の防御態勢

人間とは、まことに不思議な存在であります。わたしは若い頃から、わたしほど死に対して臆病な人間はないのではないかと考え続けてきました。死の克服は生涯の課題だったのです。

青年の頃、「花の生涯」という映画を見ました。桜田門外で水戸浪士に襲われた井伊大老が、駕籠の中で従容として刺客に殺される場面を見て、自分だったら、助かりたい一心でのたうち回りながら、無様な死に方をするに違いないと思ったものであります。

死の克服を生涯の課題としつつ、死を克服し得ずに来た身が、死に直面した途端、こんなにも簡単に諦めがつくとは、我ながら驚きだったのであります。

今、死の問題が盛んに論じられていますが、「死は、生涯これを凝視続けて来た者のみを優しく迎える」というのが、現在のわたしの実感であります。

　それは兎も角、まともに突進してくる車を避けようと、本能的にわたしは身をよじったのですが、それがよかった。やがて受ける衝撃に備えて、全身の筋肉は一瞬のうちに緊張して防御態勢を整え、加えて身をよじることによって、衝撃の幾分かは流れて、随分緩和された筈であります。

　加えて、シビックの車高の低さが幸いした。バンパーがわたしに当たったのは太股のあたりであった。それがわたしを掬うような形で、ボンネット越しにわたしを後方へハネ飛ばしたのであります。濡れた舗道へ、わたしは尻から落ちたのであります。長年の修練の賜か、頭部は遂に打たなかったのであります。

　以上、長々と述べましたが、これらはすべて一瞬の出来事、時間にすれば五、六秒のことであったでしょうか。

先ず救急車を呼べ

車に乗っていたのは、二十歳代の男二人と女一人でありました。運転していた男が降りてきて平謝りしているところへ、女が降りてきて「おっさんッ何しとんのやッ。赤信号やないか」と居丈高に罵声を浴びせかけました。なるほど、信号は赤に変わっていました。

「じゃあ、お前たちも信号無視して突っ込んできたのかッ」と、わたしも一喝した。この交差点には、自動車専用の右左折の矢印はない。従って、わたしが赤信号で横断していたとすれば、右折してきたこの酒気帯び運転車も赤信号で突進してきたことになる。深夜のことで車は少なく、右折車が信号が変わるまで待たなければならないほど直進車があった訳ではない。

女はとかく賢《さか》しうして、「牛売り損なう」ものであります。交通事故の場合、先に高飛車に怒鳴った方が勝ちだなどとは、巷間よく耳にすることではありますが、飲酒運転の男を助ける為にその手を使ったのでしょうが、思慮分別もなく下手にものを言うと藪蛇、酒気帯び運転による人身事故の上に、信号無視まで加えて、逆に運転者を困った立場にしてしまうことに気づかないのであります。

その藪蛇を恐れた運転者が、「お前は黙って、すっこんどれッ」と女を怒鳴りつけたものであります。

病院へ運ぶから車に乗れと言う。然しわたしは自分の足で歩けることを確認した上で、

「救急車を呼べ」

「勘弁して下さいよ」

「じゃあ、お前たちのうちの誰か一人降りて、病院までわたしについて歩いて来い。運転者は先に病院に行って連絡して置け。車のナンバーは覚えたから逃げるな。女が降りて来い」

と言って、ふて腐れ顔も露わな女を人質にして、近くの救急病院へ痛む足を引きずりながら歩いていったのであります。

案の定、この運転者は余り性質のよい男ではなかったようで、この男の顔を見るなり医師が言ったのは、「お前、またやらかしたのか」でした。加えて、強制保険以外には加入

してもいなかったのであります。

打撲傷の手当を受け、念のためにレントゲン検査をして、骨に異常がないことを確認して、よし、これでたとえ相手が如何なる態度に出ようと大丈夫であるとの見極めをつけた上で、俄にわたしは態度を変え、「そこへ三人とも土下座せいッ」と、病院を出るなり、降りしきる雨の舗道上に土下座させ……。以下面白い話があるのですが、護身術には無関係なので割愛して、わたしがここで言いたいのは、交通事故の場合自分に意識があれば、必ず救急車を呼んで貰うことが大切で、軽傷だからといって決して加害者の車に乗ってはならないということであります。

人間、臆病な者ほど、小さな過失を隠す為に大きな罪を犯しがちなものです。もし、わたしが加害者の車に乗っていたら、病院へ運ぶ途中で、運転者の心にふと魔がささないとも限らないのであります。

酒気帯び運転による人身事故は、間違いなく交通刑務所行きでしょう。累犯となれば尚更であります。途中、何を考えたか知れたものではありません。

不幸にして交通事故に遭遇した場合は、必ず救急車を呼ぶこと。何らかの事情でそれが不可能な場合はタクシーか、通りすがりの車の好意に頼った方がいい。間違っても加害者の車には乗ってはならない。

心は転がるものである

一時は日本唯一の女死刑囚として話題になった女囚の話ですが、最初は借金をするつもりで知り合いの家を訪ねたのであります。

「御免下さい」と声をかけたが返事がない。家の中を覗いてみると、その家の主人が昼寝をしています。借りたらまた返済に苦労する。盗もうという気に変わった。忍び込んでゴソゴソやっているところを、物音に気づいて目を覚ました主人に見つかってしまい、そこで殺してしまったのです。そして、自らの犯罪の余りの恐ろしさに、これを隠す為に家に火を放ってしまったのであります。

かくて、最初は借金するつもりだったのが、その場の縁に応じて心が変わり、遂には強盗殺人放火という、日本では死刑以外の何ものもこれを償うことの許されない極重悪犯罪となってしまったのであります。

「こころ」とは、縁に従ってコロコロと転がってとどまるところを知らない——という
ところから名づけられたものだといわれています。こころしたいものであります。

5

火事には皆が顔を出したの巻

群衆の中の孤独

昔からよく言われていることに、危難に際しては「火事だあーッ」と叫べというのがあります。

電車のなかや町なかなどででも、無抵抗な人が酔っぱらいや暴漢に襲われて助けを求めたのに、多くの目撃者たちが見て見ぬふり、知らぬ顔の半兵衛であった——というニュースが、新聞やテレビなどでもよく見聞きされますが、これはなにも今に始まったことではありません。

昔も今もわが身安全第一の人情に変りはありませんが、最近はそれが一般化してしまっただけのことであります。要するに、まことの男性が居なくなったのであります。

アパートやマンションの中、或いは暗い夜道で痴漢に襲われて、「強盗ーッ」「人殺しーッ」「助けてーッ」と、どれほど大声を張り上げてみても（実際には舌が喉に張り付いて声さえ出ない場合が多いのですが）、先ず誰一人助けには駆けつけて来てはくれないものと覚悟しておくべきであります。

助けに駆けつけないどころか、逃げ込まれて巻き添えをくったら損だというので、夜だと狸寝入り、昼間だと留守を装うでしょう。わが身安全が世の常、世間は非情と知る——これが護身術の基本であります。

ところが「火事だあーッ」と叫ぶと、大抵が顔を出します。家のなかでだったら、バケツでも何でも大きな音を出すものを叩いて「火事だあーッ」と叫べば、本当に寝込んでいた人でもハネ起きて飛び出してくるものであります。

窓に鈴なりの人の顔

筆者が仮住まいする京都の某所、いたって庶民的な下町ではあるが、最近の見栄っ張り根性は山の手、下町を問わぬものらしい。正月になると、どの家も旅行に出て留守になる。独身貴族は優雅に海外へ。家族持ちは一泊か二泊の小旅行か里帰り。正月三ヶ日、下町の路地裏は人っ子一人居なくなります。勿論、年始の客の応対などという煩わしいことをするよりも、温泉宿で新年を迎える方が余程気楽でいいに決まっています。

筆者などは二十五歳で寺の住職と貧乏所帯の世帯主になって以来、元旦は除夜の鐘と同時に修正会という法要、二日は三々五々年始の挨拶に来る檀徒の応対に追われ、四日は当方が檀家へ挨拶廻り、その間には正月三ヶ日と雖も死ぬ人もあって、正月早々葬式を出すことも往々にしてあり、のんびりくつろいだ記憶もなく、正月を旅行先で迎える優雅な生活に憧れ続けてきたものですが、漸くその生活から解放されてヤレヤレと思ったら、今度は拾った犬の為に正月も家に帰れず、犬と二人の正月を会社で迎え、人っ子一人居なくなった路地を元旦早々犬の散歩、それも預かった犬と二匹も連れてであります。

ところが今年の正月二日、すぐ近くで小火《ぼや》騒ぎがあった。消防車のけたたましいサイレンの音がして、すぐ近くで止まった。

こりゃあ留守の間に家が焼けた人は大変だなと思って、飛び出してみて驚きました。居るわ、居るわ、家という家の窓という窓から住人がわんさと顔を出していたのであります。「親の意見と茄子の花は万に一つの無駄はない」といいますが、さすが古人の智慧に嘘はないようであります。

6

玄関は明るく寝室は暗くの巻

無防備そのものの寝相

戦時中の燈火管制から敗戦後の電力不足という闇の中で、粗悪な和製蝋燭《ろうそく》の煤で鼻の穴を真っ黒にして試験勉強をした世代の筆者には納得のゆかないのが、若い世代の電力浪費であります。

部屋の電灯も、テレビやラジオ、エアコンも、用もないのに一日中つけっ放しです。一日中電力を浪費しながら、騒音のなかに居ないと落ち着かないもののようであります。

電力浪費は兎も角、若い日の筆者のように山寺育ち、何処の誰とも知らぬ旅人に一夜の宿を乞われても無下に断る訳にはゆかず、それも敗戦直後の人心荒涼たる世相混乱の時代に、終夜用心を怠らずに泊めてきた身には、今時の若者たち、如何に平和な時代とはいえ、不用心極まるように思われるのであります。

玄関は明るく寝室は暗く――というのが、夜の用心の原則であります。戸外から侵入してくる姿はこちらからよく見えますが、侵入者にはこちらの姿は見せてはならないのであります。

また、侵入者にとっては、周囲が明るいと、忍び込む姿を誰かに見咎められそうで侵入し難いため、侵入を断念させ、犯罪を未然に防ぐこともあり得るのであります。

ところがどうだ。最近の若者、周囲は真っ暗にして、その闇のなかに己の眠り呆けた姿だけを浮かび出しているのであります。

おまけにテレビはつけっ放し、耳にはステレオ、ラジオのイヤホンを差し込んだままの騒音のなかで、自分の寝室だけ電灯をつけっ放して、間抜け姿を晒しているのであります。これでは侵入者の気配に目覚めるどころか、ちょっとやそっとの物音では先ず気がつくことはあるまいと思われるのであります。

「治にいて乱を忘れず」など、今時の若者には通用しそうにもありません。

7 注意の後の用心を忘れるなの巻

傍若無人なガクラン

郊外を走る特急電車だから、席を取り損なったら最後、大阪・京都間を少なくとも四十分近くは揺れる車内に立ち通しということになります。

怪しからんのは、その席取り合戦の主役が、屈強な学生と育ち盛りの子どもたちであることであります。揺れる車内に立ち続けるのは、バランス感覚の養成にはもってこいであります。柔道の一人稽古をしているようなもの。だから筆者は、豚児たちには出来る限り電車の席は取らせないようにして育ててきましたし、現に親父自身が今なお、年寄りの冷や水かも知れませんが、揺れる車内でどの程度身の安定を保てるか、吊り革にもつかまらず、ドアにも凭《もた》れずに試しているのであります。

車内はさして混んでいる訳ではないが満席であります。ドアのあたりに三、四人、席を取り損なった人が憮然たる表情で突っ立っています。筆者もその中の一人でしたが、立っている人のなかに如何にも諦め切れなさそうな顔があるのに気がつきました。年は六十半ばか、或いは七十近いかと思われる女性であります。

大阪・京都間を走る特急電車の車両には、ドアの傍らに補助席があります。一方のドアの両側に、片側二人分ずつ並んで計四つ。両側のドアで八人分である。椅子は小さくて固いが、席が取れなかった時にはこれで病弱な人は助かるのであります。

筆者などは席が空いているときでも、専らこの方を愛用することにしています。見知らぬ人間と同席して窮屈な時間を過ごすよりは、たとえ席は小さく固くとも、一人で気楽に過ごす方が余程気持ちは快適だからであります。

ところで、諦め切れなさそうな老女性の視線が注がれているのが、その補助席の一つですが、其処に腰掛けているのは人ならぬ小さなカバン一つであります。成程、これでは体力の無い老女性としては、諦めきれるものではありますまい。

ところが、隣でふんぞり返っているのがいけない。所謂ガクランという丈の長い学生服らしきものを着て、額に剃り込みを入れた若いのが、大股を開けるだけ開いて腕組みしているのであります。

その老女性、恨みがましい視線を補助席のカバンに注いでは救いを求めるような眼差しを周囲に送るのであります。周囲に立っている乗客もどうやらその気配を察してはいるらしいが、知らぬ顔の半兵衛であります。

別に誰かが危害を加えられている訳ではありませんので、こういう時は「触らぬ神に祟りなし」で、目を閉じて思索にでも耽っているふりをするのが一番です。座席に腰掛けているならともかく、立ったまま狸寝入りという訳にもゆきますまい。

その老女性の心根も決して褒められたものではありますまい。腰掛けたいのは自分だから、自分がガクランに「すみませんが……」と声をかけるべきであります。それを相手がオッカナそうだから、誰かにやって貰おう、それも頭を下げて頼むのではなく、誰かに自発的にやらせようなどとはまことにズルイ魂胆である――などと由なきことを考えているところへ、若い車掌がわざと気づかぬふりをして通り過ぎた。こういう時は車掌に頼むのが一番であります。

「匹夫《ひっぷ》の勇」という言葉があります。徒らに血気にはやって、せずもがなことをして命取りになることもありますが、生来こういうのを目撃するとムカッとくる性質だから仕方がない。つい、つかつかと歩み寄って、「君、そのカバンが疲れている訳ではないだろう。お年寄りに席を空けてやったらどうかね」とやってしまったものであります。

「残身」の構えを忘れるな

ところが、そのガクラン、返事もしなければカバンも取らず、上目遣いに筆者を睨みつけるばかり。筆者も上から睨み返す。

だいたい筆者は本職が坊主だから頭も坊主頭、但し鼻下に薄い髭を蓄えて黒っぽい服を着ているものだから、或いは塀の外の懲りない面々の一人と誤解したのか、上下から睨み合うこと数十秒、漸くカバンを取って隣席を空けたのであります。

電車が京都に着いた。降り際にガクランがチラッと筆者を振り返った。その目つきが陰険である。ガクランの後から筆者も降りた。階段もガクランの後ろに続いた。乗降の人混みのなかで、筆者を意識してか、ガクランが殊更に肩を怒らして歩いて行く。その背姿を見失わないようにして筆者は後に続いた。

駅を出るとガクランはバス停へ向った。暫くしてやってきたバスにガクランが乗るのを見届けて、筆者は我が目的の場所へと向ったのであります。

少年時代から耳にタコが出来るほど聞かされたのが、「勝って兜の緒を締めよ」であります。勝負に勝ったと思って油断していると、何時不意を衝かれて逆襲されないとも限らないのであります。剣の居合いにいう残身（心）の構えが必要なのであります。

横着な若者に席を譲るように注意していい気になっていると、忘れた頃にどえらい腹癒せをされかねないご時世であります。特に剃り込み、ガクランなどと鬼面人を驚かす類の恰好をしている奴ほど、実は腕に覚えもない臆病者が多いのでありますが、臆病者ほどまた油断もならないのであります。

席を譲らせて「ザマ見ろ」などと得意になって、先に立って歩いていたら、雑踏のなかで何時背後からブスリとやられるかも知れないのであります。

不正や他人の困惑に目をつぶってはいけませんが、正義を行う為には細心の用心が必要なのであります。

8 鬼面に驚いて堪るかの巻

虎の威を借りる狐

「鬼面人を驚かす」という言葉があります。

実力もないくせに、うわべの脅しで相手を萎縮させることですが、えてして世間にはこのての人間が多く、また意外と鬼面に驚く人も多いものであります。いや、驚く人が多いからこそ、脅かす奴もまた跡を絶たないのでありましょう。その典型が暴力団、車ではダンプカーに多い。

違法に満載した土砂を振りまきながら傍若無人に反対車線を走ってきて、数珠繋ぎの渋滞のなかへ強引に割り込んでくる。

地響きたてて割り込んでくる鋼鉄製のダンプカーの前に、華奢な乗用車などはひとたまりもありません。畏怖して場所を譲るものと、ハナから計算ずくであります。この思い上がりが、若い頃のわたしには我慢ならなかったのであります。だから、ダンプの運転手を車外に引きずり降ろしたことがあります。

ところが、引きずり出してみると、えてしてこれが意外と小さいのであります。大刀の鞘から小刀を抜き出したようなもので、拍子抜けもいいところであります。どだい「吠える犬は猛からず」で、ダンプカーなどで人を脅かして無理を通そうとするような輩に真の強者がいる訳がない。

「虎の威を借りる狐」という諺があります。移植医療が一般化した現代では、「虎の胃を借りる狐」などと誤解する向きもあるかも知れませんが、何かを武器にし、何かを頼りにして威張ることを意味しますが、弱者・怯懦《きょうだ》者の常であります。

キリストに「剣を以て立つものは剣によって滅ぶ」という意味の言葉がありますが、何かを頼りにして威張る者は、それを失った時には大変惨めなのであります。

ダンプカーを頼りに横車を押そうとする輩は、ダンプカーを離れると、武道の心得一つ無い唯の人に過ぎなくなるのであります。大型車の運転手だから、体格も大型で腕力も強いと思うのは錯覚であります。とはいえ、無法ダンプを相手に無益な意地を張って怪我してもさせても損であります。「君子危うきに近寄らず」であり、「負けて勝つ」ということもあるのであります。

危険には近づかないことです。然し、やむなく危険に遭遇してしまったら機転を働かすことが大事であります。だが、この機転、常平生にわれとわが心に言い聞かせ訓練していないと、咄嗟には出てくるものではないのであります。

車には警笛という武器がある

或る女性、深夜の市街を車で走行中、後をつけてきた単車が突然、車の前に出て急停車したため、自分も思わず急停車したところ、単車を降りてきた屈強の若者にサイドミラーはねじ曲げられるやら、割れんばかりに窓は叩かれるやらで、その間唯ただ車内で恐怖に怯え続けていたそうですが、その女性が後になって言ったことは、「あの時、警報を鳴らし続ければよかったのですね」であります。

まさにその通りであります。痴漢撃退に懐中ベルを持つ女性さえあります。ところが、電車にはそれ以上に音の大きな警笛が備え付けてあります。これを鳴らし続ければ、たとえ深夜で人通りはなくても、或いは誰も飛び出してきてはくれなくても、家の中から様子を窺って一一〇番してくれる人があるかも知れませんし、第一、暴漢の方がぐずぐずしてはおられなくなるのであります。

何とかの後分別にならないように、常平生に心がけておくことが大切であります。

鬼面で人を驚かすのは人相も同じ。人間、何故か人相で強そうだとか弱そうだとか判断しがちでありますが、人相に強弱がある訳ではないのであります。

肝心なことは、危難に遭遇したらとにかく鬼面に驚かないこと。そして、冷静に危険を脱する方法を判断することであります。

9 人間の本能は間違いだらけの巻

間違いだらけの本能

本能は個体が身を護るために備えているところの、生命の本質的な能力であります。ですから生命あるもの、この本能に従っておれば、或る程度は身を護ることが出来るのであります。

野生の動物などはこの本能を失ったら、先ず生きて行くことは不可能、忽ち他の餌食でありますが、人間のように性質の悪い動物に、逆に本能を利用されて身を滅ぼすこともあるのであります。

ところが、人間の本能ときたら間違いだらけ、身を護るどころか身を滅ぼしかねないのであります。

例えば、犬に手を噛まれた。本能的に手を引っ込めようとするから、傷が深く大きくなります。本能とは反対に逆に深く突っ込めば、犬の方が苦しくなって口を開けて放すのであります。とはいえ、咄嗟に出来ることではありませんね。

弱者の武器は智慧と敏捷さ

この本能を仏教は煩悩と名づけています。煩悩とは、生命が生きるために持っているところの本質的な欲望に名づけるものであります。

生命あるものは自らの生存のために他の生命を殺し、或いは傷つけながら、ついには自らを亡ぼして極まるというのが、仏教の煩悩に対する考え方であり、従って煩悩は智慧によって統御し、抑制しなければならないとするのが仏教の教えですが、本能もまた同じであります。

自らを護るための本能ではありますが、本能のままに生きては、逆に自らを滅ぼしてしまうのであり、本能はこれを理性によって統御し、抑制しなければならないのであります。

例えば、背後から暴漢に襲われて、紐で頸を絞めて引っ張られた。本能的に前へ逃げ出そうとするので、尚更首が絞まってしまいます。或いは、非力な女性が正面から暴漢に両手で頸を絞め上げられた。本能的に必死になって暴漢の手をのけようとするが、どだい女の細腕が、それも襲われた無理な姿勢で男の腕力に敵う訳がない。抵抗空しく、ものの三、四十秒であえなく失神、絶命ということになるのであります。

背後から紐で頸を絞められたら、引っ張られるままに後ろに下がって、相手の股間か、向こう臑《ずね》または足の甲を狙って攻撃し、正面から両手で頸を締め上げられた場合も、相手は頸を絞めることに両手を使っているのだから、全身隙だらけであります。頸は勝手に絞めさせておいて、隙だらけの肋骨か、臑或いは両眼に一撃を加えれば、いやでも相手は頸の手を放すものであります。

背後から襲われたら、咄嗟に前へ逃げ出そうとする本能とは逆に後ろへ下がり、頸を絞められたら、その手を放そうとする本能とは逆に、相手の別の箇所を攻撃する。

押されたら退き、引かれたらつき、相手の力に逆らわずに隙を見出して攻撃する——これが護身術の極意であります。

百と五十の力が真正面からぶつかれば、百の方が勝つに決まっています。だが、五十の方が百の側面に廻って攻撃すれば、五十対五十の力関係となり、更に背後へ廻れば百の力も零と化す。非力の者が勝つためには、智慧と敏捷さが必要であります。

10 足を狙えの巻

殊勲を独占した警官

わたしが人生護身術道場の練習生であった当時、師範によく教えて貰ったものの一つに「足を狙え！」ということがあります。

例えば、最近は乗り物に乗ったひったくりが多く、この場合は通用しませんが、もしもひったくり犯人が徒歩の場合だと、走って逃げることになるが、逃走中の犯人に出くわし、或いは追いかけている時には、犯人に追いついて組み付き、これをねじ伏せてやろうなどという格好いいことは考えないで、逃走する犯人の足を狙え、ということであります。

（註・裁判で犯罪が立証されるまでは犯人呼ばわりは出来ず、単なる容疑者に過ぎないといいますが、この場合は犯罪を目撃したのですから、犯人と呼ばせて貰ってもいいでしょう）。帽子やマフラーなど身につけているもの、或いは買い物籠や風呂敷包みなど持ち合わせているものを、逃げる犯人の足許めがけて投げつけることであります。

帽子やマフラーなど、そんな柔なもので――と思われるかも知れませんが、それが素人考えというものであります。

「浮き足立つ」という言葉があります。所謂「逃げ腰」のことですが、人間うろたえながら逃げる時には必ず浮き足立つ――すなわち頭に血が上っていて、足許がふらつき浮き上がっているものであり、神経もお留守になっているのであります。

だから帽子やマフラーのような柔なものにでも、直ぐに蹴躓《けつまず》いてひっくり返るものであります。

逃げる犯人を追いかける警察官に、犯人逮捕の協力を要請されたら国民の義務としてこれを拒否することは出来ません。といって、武器を隠し持っているかも知れない犯人に組り付いて、逮捕術はおろか、何一つ武道の心得の無い素人が素手でこれを取り押さえようなどとは、まさに蟷螂《とうろう》の斧というべきであります。間違っても「匹夫《ひっぷ》の勇」にはやってはなりません。

曽て我が師範が語った若き日の武勇伝に、次のような出来事があります。

師範は或る時、偶然にも逃げる窃盗犯を追う警察官に出会い、犯人逮捕の協力を要請されました。

武道家である師範は当然用心深い。彼は警察官に、自分が先回りをして犯人を待ち伏せて、先ず相手の利き腕である右手を摑むから、間髪を入れずに警察官は犯人の左手を制する——ということを、くれぐれも念を押しておいて、いざ、犯人を取り押さえたところ、当の警察官はと見れば、打ち合せ通り左手を制するどころか、臆病風に吹かれて近寄りもせず、離れたところで何やら大声をあげるのみ——。

そして犯人は案の定、左手で隠し持つ短刀を取り出そうとしたので、師範は咄嗟にその手を押さえて捻じ上げ、ことなく取り押さえたそうであります。

事に処しては警察官と雖も臆病風に吹かれて、如何なる態度を取るか頼りにならず、決してその言を信用してはならない——とは、師範がわたしに残した教訓であります。

ところで、話はそれで終ったのではありません。

翌日、犯人逮捕劇の華々しい記事が新聞に大きく出た。犯人逮捕の殊勲は警察官に一人占めされ、本当の殊勲者である師範のことは一字も書かれていなかったそうであります。

巨人は小技で倒せ

それはさて置き、柔道が国際的になった当初、すなわちオランダのヘーシンクが世界柔道選手権に日本の神永を破って優勝した頃のことですが、巨大なヘーシンクを相手に担ぎや腰技の大技ばかりを空振りする神永の戦いぶりに、我が師範は「足を狙え!」「小技でゆけ!」と、切歯《せっし》扼腕《やくわん》していたものであります。「小さな技で大きく倒す」、これが我が師範の持論だったのであります。

確かに、背負いや内股などの大技は、決まった時には恰好いいものです。だが、相手がたとえ大男の外国人でも素人に対してなら効果もありましょうが、今日のように巨大外国人の技術の水準が高くなっては、余り効果は期待出来ません。

最初の頃と違って、現在では日本の選手陣も体格がよくなっていますから、それなりの効果は期待出来るようになりましたが、当初は酷いものでした。大男に大技ばかりを狙って空振り、揚句の果てには巨大な体軀に押さえ込まれて、蛇に睨まれた蛙の如く身動きならず一本負けであります。

如何なる大男と雖も、如何なる強大な腕力の持ち主と雖も、人間は二本の足で立つものであります。その巨大な、そして重量のある体を支えているのは足の裏の、ほんの僅かな面積であります。

然も、この僅かな面積の足の裏は、左右交互に動く——すなわち接地面を離れて浮く——すなわち「浮き足立つ」のであります。この浮き足立った瞬間を狙って、小さな一瞬の技で巨体を倒すのであります。

ギリシャ神話の猛将アキレスの弱点はアキレス腱、弁慶の泣きどころは向こう臑、巨人の泣きどころも足であります。それは、二本足で立つ人間の宿命とも言えるのです。

特に逆上したり、逃げるのに必死になったりしている時には、血が頭にのみ上がって、神経が足許には疎かになっているものであります。だから時には、自分の足に自分で蹴躓いてひっくり返ることさえあるのであります。

では、敵を倒すのに足を狙うのであれば、反対に我が身を護る時も足に注意を払わなければならないことになります。

人は緊張したり逆上したりすると、カッと頭に血が上る。足許はふらつきながら、何をしでかすか知れたものではありません。そういう時は意識的に「下にーィ下にーィ」と、大名行列よろしく自らに言い聞かせて、頭の血と神経を下げる——すなわち、下腹に力を入れるように努力すべきであります。

そうすることによって逆上や緊張が和らぎ、思考も冷静になって大事を惹起することなく、結局は我が身を助けることになるのであります。人間、恐るべきは足であります。

11　車は走る棺桶の巻

人間は物体ではない

「慣性」という言葉があります。辞書には「（物理）他からの力の作用を受けない限り、現在の状態を変えないという物体の性質」とあります。

何となく難しい解説ですが、要は「惰性」ということであります。

例えば、車に乗っている人の体は、車のスピードと一緒に走っている訳ですから、車が急停車すると、乗っている人間の体はガクンと前のめりになります。惰性で走り続けようとするからであります。

「他からの力の作用を受けない限り、現在の状態を変えない……」などというと、何となく人間の性質（性根）を指しているようでもあります。

例えば、飲酒や喫煙の習慣であります。自分が何十年間も吸い続けてきた煙草を或る日、スパッとやめたから言うのではないが、自分の意志の力ではなく、他の何ものかに頼って断酒・禁煙しようとするのでは、「お前は物体か？」ということになりそうであります。

いや、どんなに強い他からの力を加えても、性懲りもなく悪癖を決して止めようとはしない強かな者もいますが、これなどは、もう「物体以下か？」ということになりはしないかと思うのであります。

高速道路上の惨事

それはさて置き、先日所用で中国自動車道を西宮北インターまで走りました。二〇〇五年七月、世にも恐ろしい事件が起ったのは、丁度この辺りであった――と、図らずもあの忌まわしく、そして悲惨な事件を想起させられたのであります。

大阪市の中学一年の女子生徒（十二歳）が、テレホンクラブで知り合った三十五歳の中学校教諭に、猥褻行為目的で乗用車に乗せられ、車内で顔にスプレーを吹き付けられたり、両手首に手錠をかけられて監禁されたため、怯えた女子中学生が、神戸市北区の中国自動車道下り線で、走行中の車内から飛び降りて（本当に飛び降りたのか、はたまた突き落とされたのか、死人に口無しであるが）頭部を強打、動けなくなったところを、後続の車に左脚を轢かれて失血死したのであります。

何とも恐ろしい事件であります。恐ろしいのは、事件の態様も勿論ですが、何よりも恐ろしいのは、三十五歳にもなる中学教師が、中学一年といえば、小学校を卒業して未だ間もないような幼い少女を、猥褻行為の対象にしようとしたことであります。

教師自身が幼児期を脱していないのであり、そのような幼稚な男が、大人の顔——いや、教師の顔をしているのが恐ろしいのであります。

いずれにしろ恐ろしい時代であります。相手が正義を護り、国民の生命財産を護るべき裁判官や警察官や、或いは教育者だからといって迂闊には安心出来ない、いうならば油断も隙もならない時代になったものであります。

にもかかわらず、何故にこのような恐ろしい時代に、顔も満足に知らないメル友と簡単にデートしたり、正体も知れない初対面の人間の車に乗ったりするような危険なことをするのでしょうか。

車は鍵のかかる、そして猛スピードで走る棺桶であります。見知らぬ人間の車などに簡単に乗るものではない。乗ってしまってから「しまったッ」と後悔しても後の祭。逃げだそうにも、最近の乗用車のドアは殆どが走行中は自動ロック。逃げ出すことは出来ないのであります。

中国自動車道の事件は、時速八十キロで走行中の車から飛び降りたといいますが、よくドアが開いたものであります。

恐らく必死であった幼い被害者は、慣性のことなど念頭に無かったに違いありません。いや、慣性の知識も無かったのかもしれません。高速で疾駆する車から、真横か、或いは後方へ向って飛び出したに違いありません。そして致命的な衝撃を受けた筈であります。走る車から飛び降りる時には、慣性を考えて、進行方向に向って飛び降りなければなりません。

少年の頃の筆者は悪ガキでした。汽車通学をしていた関係で、駅の操車風景をよく見ていましたが、走る車輌のデッキに立って片手に旗を持って合図をする駅員が、走行中の車輌から上手に飛び降りる光景を目撃しては、自分も真似てみたくて仕方がなかったものであります。

当時の汽車の車輌は、現在のように停車と同時にドアが自動的に開くというような安全なものではなく、デッキにはドアはなく、何にも掴まらずにデッキに立っていると、列車が駅構内へ進入直前などよく揺れますが、時にはよろめいて転落事故さえ起こすことがあったのであります。

九死に一生を得た少年

何時の時代にも、悪ガキというものは命知らず――というよりも分別足らず、であります。そんな危険な所で競って逆立ちをしたりしたものですが、或る時、列車がホームに滑り込んで、停車する少し前に、デッキからホームへ飛び降りようとした途端に、一瞬わたしより先に進行方向へ飛び降りた者が居た。瞬間、当方はやむなく真横へ飛び出したものであります。その衝撃の強かったこと、ホームに叩きつけられるなり、列車に引きずり込まれるように転がった瞬間、折からそこに居合わせた駅長さんにむんずと摑まれて引きずり出され、危うく九死に一生を得たものであります。命冥加というべきでありましょう。もし、そこに幸運にも駅長さんが居合わせなかったなら、わたしは完全に列車に巻き込まれていたに違いありません。駅長の説教の厳しかったことは言うまでもありません。

走行する車内から飛び降りるような危険なことは無いに越したことはない。だが人生、何時どのようなことで、心ならずもそういう場面に遭遇しないとも限りません。決死の覚悟で走行する車から飛び出さなければならないことが起こった時には、必ず「慣性」を頭に入れて、進行方向に向って飛び降りることが肝要であります。幾らかでも衝撃が少ないからであり、後輪に巻き込まれる率も少ない筈であります。

とはいえ、八十キロの猛スピードではどのみち助かることは無かったのではないか。被害少女の恐怖の深さが思い遣られるのであります。

安易に見知らぬ人の車に乗ってはならない。車は鍵のかかる、そして走る棺桶であると覚悟すべきであります。

12　生兵法は大怪我のもとの巻

一人旅の用心

仏像に惹かれ、仏像を愛し、将来は仏像修理を夢み、そして仏像に関する論文をまとめるために、京都を一人旅していた若い女性が、比叡山中で四十八歳の男に襲われて殺害された。無惨であります。

マスコミの報ずるところによれば、被害者は体格も良く、然も空手道二段。加害者とはその直前に会話も交わしており、こっちが近道だという男の誘いにのって、人影もないけものみちへ入り、人の背丈ほども雑草の生い茂る現場で、後ろから先ず腕で頸を絞められ、更に自らが背負うリュックの紐で絞められて殺害されています。

被害者の冥福を祈ってやまないのでありますが、そして被害者には大変気の毒ではありますが、被害者が空手道二段であったというので、急遽本項を書き加えることにしたのであります。何故か。それは被害者が武道修練中の身としては、幾つかの間違いをしているからであります。

わたしは、わが社の若い女性社員にこの事件の概況を話した上で、被害者の自己防衛上の間違いを質した。ところが、わたしたちにとっては常識ともいうべきことが、彼女たちには判らないのであります、そして、そこにわたしは、事ほどさように現代の若い世代が、危険に対して無防備で生きていることを痛感させられたのであります。

この危険に満ちた現代を、これほどの無防備で生きている彼や彼女たちは、まさに僥倖に生かされているとさえ思われるのであります。

ニュースなどでも海外を一人旅の若い女性の遭難がよく報じられますが、特に若い女性の一人旅には危険がつきものだと覚悟すべきであります。

比叡山事件の教訓

被害者にはまことに気の毒ですが、先ず第一に彼女は、旅の途中で言葉を交わした程度の男の、親切ごかしの言葉に従うべきではなかった。周囲の状況を見て人の気配の有無や森の状況等を確かめて、もっと人通りのある道を選ぶべきでありました。

次に、背後から襲われたということですが、近道だと誘われてその道へ入ったというのですから、男の後について行ったのでありましょう。とすれば、たとえ男が口実を設けて後ろに立ったとしても、現場の状況からしても、決して男に後ろを見せるべきではなかったのです。人間の後ろ姿は無防備であります。後ろ姿を見せることは、取りも直さず無抵抗を意味するのであります。

男が靴の紐を結び直すか、或いは用を足すふりをして後になったとしても、彼女は少し離れた場所で、男の来る方向を向いて待つべきだったのです。

そして次に、背後から頸を絞められた時、彼女は夢中で必死になって、自らの両手で首にかかっている男の腕をはずそうとして藻掻いたに違いありませんが、如何に空手道二段とはいえ、重い物一つ持たない現代の女性であります。正面から相対しても比較にならない男女の膂力差《ひじりきさ》であります。

ましてや、襲う男の方は正面から満身の力を腕に集中し、襲われる非力な女性は後ろ向きの無理な姿勢であります。男の腕に敵う筈がありません。

先に、「人間の本能は間違いだらけの巻」でも述べましたように、彼女は男の腕を解くことを考える前に、先ず後ろ蹴りで男の股間を蹴り上げるなり、向う臑をけるなり、爪先を踏みつけるなり、或いは肘鉄で相手の肋骨を打つなりの攻撃に出るべきでした。普通の女性には無理でも、空手道二段の彼女には出来た筈の技であります。

頸にかかった暴漢の腕をはずそうとするのは防御に過ぎず、非力な女性の力では防御は不可能です。防御は相手の攻撃力に勝る時にのみ、初めて防御たり得るのであり、ここに「攻撃は最大の防御」といわれる所以があるのであります。

技で護るのではない

そして、これもまた、犠牲者が武道の心得があったからこそ敢えて言うのですが、もし万一にも彼女に、自らの空手道の腕に対する恃《たの》みがあったとするならば、これほど身を危険に陥れるものはないと言うべきであります。

恐らく彼女の場合は、明朗闊達な性格だったといわれているところから推察しても、その善良な性格の故に疑うことを知らずに、近道を信じたのでしょうが、世間には往々にして大学の部活動で少しばかり空手や相撲や柔道などをすると、それで一廉武道を身につけたかの如く錯覚して、腕自慢になる者が居るものであります。

宗門の世界でも、住職の資格を取る過程に「加行《けぎょう》」という修行期間がありますが、僅か百日足らずの加行で、修行が出来上がったように自惚れるのと同じであります。

或いは外に腕自慢はせずとも、我が心の内に、おのが腕を恃む気持ちがあれば、人は往々にして自ら危険を招くものであります。

武道修練者が肝に銘ずべきは、自らが習得した武道の技が身を護るのではなく、護身に対する心得が身を護るということであります。

判り易く言えば、危険に遭遇して、習い覚えの技で身を護るのではなくして、常平生の用心によって危険に遭遇しないようにすることこそが、護身法の極意だということであります。

「稽古場横綱」という言葉があります。稽古場では横綱級の実力を見せながら、いざ本番となると緊張のために実力が発揮出来ないことを指していますが、常日頃修練に修練を重ねて、平生は自他共に評価される技も、いざ命の遣り取りの勝負となれば、その技は半分もその実力を発揮し得なくなるのであり、その事を常に計算に入れて置くことが肝要であります。

同時にまた、反対に稽古場ではさしたる技でもないが、いざ真剣勝負となると、思いもよらぬ力を発揮する人がいることも肝に銘じておく必要があります。それは真剣勝負が技の勝負ではなく、肝っ玉の勝負に他ならないからであります。護身の秘訣は、仮初めにもおのが技を過信しないことにあります。

人は見かけによらない

自らが技を磨けば磨くほど、人は用心深くなるものであります。自分が武道の技を磨いているように、他人もまた如何なる技を磨いているか知れないのであり、そこに想いを致せば、安易に人をみくびってはいけないのであります。

顔に深い傷をもつ或る老人の話であります。

若い頃の彼は力自慢であった。大勢の仲間と道路工事に従事していた或る日、たまたま通りがかった女性連れの優男《やさおとこ》を揶揄した。力自慢に加えて大勢の仲間もいる手前、調子に乗って執拗に絡んだのであります。

はじめは取り合わなかった相手も、余りの執拗さに我慢ならずに立ち向かってくるなり、電光石火の早技で彼を投げ飛ばしたというのであります。顔の傷はその時の傷ですが、一見優男だからといって見くびってはならない、人は見かけによらず、どのような人がどのような技を隠し持っているか知れない――とは、彼のしみじみとした述懐だったのであります。

次も実話であります。或る小さな会社で、経営者側と労働組合との間でトラブルが起こりました。何処の世界でも権力側の手先となって、虎の威を借りる奴がいるものですが、ここでもその例に洩れず、権力側に立って組合に何かと圧力をかけてくる一人の男がおったのですが、悪いことにこの男、学生時代に相撲部に居ったというので腕力が自慢。

或る日、遂に組合側の男と衝突。「表に出ろ！」となった。「よし、来い！」というので、当事者二人が会社の外へ。野次馬が後に続きました。

さて、一方は相撲部出身、相手はどちらかというと細身の長身、投げ飛ばそうと組み付こうとしたところ、何と相手は学生時代からボクシングをしていて、現に母校のコーチをしているというのですから、堪ったものではありません。組み付こうとした途端、顔面にストレートパンチをまともに喰って、尻餅をついてしまったというのであります。

相撲部の男、それで意気消沈してしまったのはいいのですが、その後は暴力事件として告訴したというのですから、頂けません。

「表へ出ろ！」「よし、来い！」というところで、互いに了解、既に喧嘩の契約が出来たのであるから、勝ち負けは腕と度胸次第、負けたからといって告訴とは情けない話でありますが、「生兵法は大怪我のもと」を地で行くような実話であります。

13

子どもは親の愛玩物ではないの巻

異常性愛時代の到来

下校中の小学一年生の女児を拉致した上に、これを惨殺するという事件が相次ぎました。拉致されたまま長い歳月を消息不明の女児もあり、殺害されたまま犯人の目星もつかない事件もありますが、逮捕された犯人は殆どが中年男性で、犯行の動機は猥褻目的でした。恐るべき異常性愛時代の到来であります。

昔、性に目覚めた思春期の男性が、憧れ、惹かれるのは概して年上の女性でありました。そこには匂うばかりに成熟した女体への誘惑と同時に、母性への憧れも秘められていたのでありましょうが、若い男性が成熟した女性に惹かれるのが健全な異性愛ではないかと思われるのであります。

然し男性は、自らが老いるとともに若い女性に惹かれるようになり、特に性愛に堕落した中年男性ほど稚さの残る未熟な女性に異性愛を感じるようになると言われているのであります。

老いたる男性が若い女性に惹かれるのは、自らが失いゆく若さへの恋着であり、これもある意味では自然の姿かも知れませんが、青年や中年の男性が、小学校一年などという幼い女児に性愛を感じるなどというのはまさに異常であり、そのような風潮が強くなっているということは、取りも直さず、現代の男性が如何に性的に老化(衰弱)し、然も堕落しているかを物語るものでありましょう。

幼子を「女」に仕立てるな

そこで、幼い女児を持つ若いお母さんに提案したいのであります。現代の異常性愛に対して、もっと深刻に認識し危機感を持って欲しいのであります。幼いわが子を、そういう魔の手から護ることを真剣に考えて欲しいのであります。

何故このようなことを言うかと申しますと、最近、熟女を思わせるほどに女を感じさせるおませな幼女や少女を見ることが多いからであります。年齢の割に色っぽ過ぎるのです。幼子たちの早熟の原因には、社会環境も大いに関係があるに違いありません。テレビや現代風俗等々性的な刺激が多過ぎるのも大きな原因ではありましょうが、ここで今、筆者が特に問題にしたいのは、親――特に母親が率先して年端もゆかないわが子を、無理矢理「女」に仕立て上げようとしているということであります。

幼稚園児や小学校低学年の女児を無理に色っぽく仕立て上げて満足している若い母親が多過ぎるように思われるのですが、これは危険過ぎるのであります。

子どもは親の愛玩物ではないのであります。真の愛情があるなら、わが子を魔の手に晒すような真似は出来ない筈であります。

女の子は放っておいても、年頃になればいやでも色っぽくなるものです。幼子を狙う異常性愛者の溢れるなかで、危険をおかしてまで幼子を「女」に仕立てる必要はないのであります。

序でに付言すれば、若い女性のファッションにも男の魔の手を誘うようなものが多過ぎるようであります。

14

迂闊に玄関を開けてはならないの巻

昔は電報・今チャイム

筆者の青年時代は、現在のようには電話は普及していませんでした。普及していないというよりは、電話は富裕の象徴であって、一般庶民には手の届かぬ高嶺の花でありましたが、そのような時代の緊急の連絡手段は専ら電報でありました。

現代は携帯電話の時代。何時でも何処でも手軽に電話が出来る便利な時代ですが、便利な一方では、この便利な文明の利器を利用した各種の犯罪が多発しているように、庶民にとっては電報が唯一の緊急連絡手段であった時代には、この電報を利用した犯罪が多かったのであります。

筆者の青年時代は、余程の緊急時でなければ、滅多に電報などは打たなかったものであります。だから電報というと、大抵の人が「何事ならん」とドキッとしたものであります。

加えて大抵の場合、電報は夜遅くか、真夜中が多かったのであります。大抵寝入りばななどに、どんどんどんと玄関の戸を叩かれて「電報ッ」と叩き起こされ、「ハイハイ、ハイ」と寝呆けまなこで玄関の戸を開けにいったものでありますが、実はこれが不用心極まるのであります。何故なら、強盗がよくこの手を使ったからであります。

真夜中の電報に、咄嗟に脳裏を走るのは不吉な予感であります。身内の不幸を想像して慌てるのが普通であります。玄関の向こう側に居るのが本物の電報配達人かどうかを確認する余裕もないまま、鍵を開けてしまいがちでありますが、戸を開けた途端にブスリとやられることがあるのであります。

若い頃の筆者が厳しく教えられた護身術では、こういう場合は何らかの方法で必ず訪問者の正体を確認してから戸を開けること。そして更に、戸を開けるに際しては、自分の体をまともに相手の前に晒すことがないように、開ける戸の陰に自分の体を隠しながら開けることを、常に心がけたものであります。

すなわち、横に引いて開ける引き戸の場合は、戸と一緒に自分も横に動くのであり、内側へ開くドアの場合は扉の陰になるように立って、相手の正体を確認するまでは、決して我が身を訪問者の前に晒さないのであります。

時は移って現代、本項執筆の折も折り、大阪府堺市の白昼の住宅街で、玄関のチャイムが鳴ったため玄関に出たその家の主婦が、玄関の戸を開けた途端に、訪ねてきていた男にいきなり刃物で刺されて死亡し、母親の悲鳴で玄関へ駆けつけた娘も切られて大怪我をするという物騒な事件が起りました。

昔「人を見たら泥棒と思え」という、余り感心しない諺がありましたが、物質文明爛熟のなかで、人心荒涼と化した現代では、或いはこの諺に学ばなければならないのかも知れません。

迂闊には玄関の戸は開けられないのであります。

15

君子豹変の巻

人格者にも油断するな

「君子危うきに近寄らず」という諺があります。君子とは徳が高く品位ある人、即ち人格者を意味し、そのような人格者は身を慎み守って危険をおかさずこれを避けるということであります。願わくば人間等しく君子でありたきものであります。

だが、反対に「君子豹変」という言葉もあります。豹変とは、豹の皮の斑紋が鮮やかで目立つことを意味し、君子豹変とは、人格者と思われていた人の態度が鮮やかに一変することで、多くの場合悪い方へ一変すること、それも性的行動を意味していることが多いのであります。

筆者の知人に、大変素直で心根の優しいお嬢さんがあります。介護士として日々お年寄りの介護に生き甲斐を感じていたのでありますが、或る時、大変なショックを受ける出来事に遭遇したのであります。

それは、日頃彼女が人格者として尊敬して、介護の傍ら教えを受けていた孤独な元大学教授の老人に、或る日突然襲われたのであります。

人格者として尊敬していた人物であっただけに、彼女にとっては当に「君子豹変」の思いであったに違いありません。

幸いにして相手は屈強の若者ではなく病弱な老人、危うく難は逃れたものの、彼女はすっかり人間――特に男性不信に陥り、介護という仕事に自信を喪失してしまって、明るかった彼女の人生は懊悩の日々に変わってしまったのであります。

相手の老人を人格者として信じ切っていた彼女には大変気の毒ではありますが、護身術という観点に立てば、彼女にも或る種の責任はあると言わざるを得ないのであります。

何故なら、病弱な老人だからそのような性衝動はないと信じたのは、彼女の錯覚に過ぎないからであります。性的本能は如何に病弱であっても、そして人格者であっても生きてある限り消え残るものであり、それが時に縁に触れて触発されるのであります。

先頃も、テレビ出演などで著名な大学教授が痴漢行為で逮捕されて話題になりましたが、この大学教授も一見、如何にも人格者風に見えたものであります。にも拘わらず、一度ならず二度までも痴漢行為で逮捕されているのであります。人格者風だからといって、決して油断してはならないのであります。

「神」の字が示す真理

痴漢行為といえば、最近特に目立つのが教師と警察官でありますが、ともに謹厳・実直を旨とすべき職業であるにも拘わらず、このような破廉恥行為に走るのは何故でありましょうか。

恐らく、常平生の謹厳実直の反動であり、ストレスのせいかも知れませんが、このように、一見、破廉恥行為とはおよそ縁遠いと思われるような人ほど、君子豹変するのであります。

痴漢行為などというものは、実は昔は、老人ほど多かったものであります。何故なら、老いるという事は、それだけ制御能力も減退することに他ならないからであります。

「神」という文字は、「示す」と「申す」によって作られています。示すとは「態度で示す」というように肉体的表現であるとともに、受動性を意味するものでもあります。そして「神」という漢字の場合、これを「示偏」というように、漢字を構成する左側の要素を「偏」といいますが、これは偏るという意味であるとともに、これだけでは半端・未完成という意味でもあります。

一方、申すというのは、言葉で表現することであり、言葉で表現するということは、精神的な働きかけを表し、能動性を意味しているのであります。然も漢字の構成では右側の要素を「旁《つくり》」といいますが、旁とはすなわち造りであり、これによって漢字が造られ、漢字が完成するという意味であります。

旧約聖書にも「太初《はじめ》に言葉ありき。言葉は神と倶にあり、言葉は神なりき」という言葉があり、神が水は一つ処に集まり乾いた土出でよと言われたら海と大陸が現れ、このように神の言葉によって世界が造られたと記されていますが、神の理念が物質によって表現されているのがこの世界であるように、人間の世界もまた、精神によって作られるということが「神」という文字に示されているのであります。

すなわち、男性が先ず「私はあなたを愛しています」と言葉によって働きかけますと、女性の方は「私もあなたを愛しています」と態度で示すのであり、ここに新しい世界とも言うべき新しい生命が誕生するのであります。

そして更に、「神」という文字に象徴されているのは、男性は本来精神的存在であるために女性に肉体を求め、女性は本質的に肉体的存在なるが故に男性に精神的なるもの、すなわち愛情を求めて止まないのであるということであります。

老木ほど花を付ける

尤もらしい解説が長引きましたが、要するに男は女性の体に触りたがる本能を持っているということであります。そして、老化するほど、その欲望・衝動を自制する能力が衰弱するということであります。

樹木の場合、花は性に譬えることが出来ますが、樹勢の強い若木の間は、或る程度花の数を制御してつけるそうですが、老木になって樹勢が衰弱してくると、花の数を制御する力を失って、咲きたい放題花を咲かせて、自らが咲かせた花に栄養分を取られてやがて枯死してしまうそうであります。

民族や国家もそうであります。性のモラルが厳しく守られている民族は生命力が強いが、性のモラルが爛熟して性風俗が乱れている民族や国家は生命力の衰弱を物語っているそうであり、現在の日本人などは当にその典型ではないかと思われるのであります。

そして、それを証明しているのが、最近の痴漢や猥褻事件の加害者に若者が多くなったことであります。若いうちから欲望を制御し得なくなったということは、取りも直さず生命力の衰弱を物語っているのであります。

それは兎も角、若いお嬢さんなどは先のよく尖った鉛筆やシャープペンシルなどを常に携帯しておられるといいですね。万一、満員電車などで痴漢に遭遇したら、さり気なく体に触ってくる手の甲などをチクリとやったら、効果的であります。

16　エレベーターでは奥に立つなの巻

飛び乗り男には油断するな

　マンションなどでよく見かける光景ですが、若い女性が一人で乗っているエレベーターに、ドアが閉まる寸前に駆け込んで来る男性があります。そのような時、あなたが若い女性でしたらどうされるでしょうか。大抵の女性が本能的にエレベーターの奥の方へ移って、身を固くして立たれるのではないかと思うのですが如何ですか。それは取りも直さず、自分を最も危険な位置に置くことに他ならないのであります。

　エレベーターは動いている間は密室であり、密室に見知らぬ男性と二人きりでいることは息の詰まるような圧迫感、或いは緊張感を感じさせられるのではないかと思います。事実エレベーター内に於ける痴漢、その他の犯罪行為は、往々にして惹起されているのであります。

では、どうしたら犯罪から身を護ることが出来るのかを考えてみましょう。

自分一人が乗っているエレベーターのドアが閉まろうとした瞬間に、男性が走り込んできたからといって、無闇に相手を疑うのも気が引けるような想いにとらわれ勝ちでしょうが、矢張り用心するに越したことはないのであります。

相手の見分け方があります。あなたがもし最高階のボタンを押していたとします。飛び乗ってきた男性が直ぐに自分の降りる階のボタンを押したら、取り敢えずは安心ですが、その男性が自分の目的の階のボタンを押さなかったら、先ず怪しいと思って用心することであります。

世の中には、往々にして偶然という事はあるものです。飛び乗ってきた男性が偶然自分と同じ階に行くのかも知れませんが、そんな偶然を頼りにしていては危険であります。

或いはまた、途中の階で誰かが乗ってきてくれるかも知れませんが、それもまた頼りには出来ません。飽くまでも自らの智慧と判断で身を護ることが大事であります。

ボタンの側に立つ

見知らぬ男性が飛び乗ってきた時、最も大事なことは、奥へ移るのではなく、逆にドアの傍のボタンの処に自分が立つことであります。そして、相手が目的の階のボタンを押す気配がなかったら、急に何かを思い出したような振りをして、即座に次の階のボタンを押して降りることであります。

万一、それが出来なかった時――といえば、男が怪しからん振舞にでようとした時ということですが、その時は掌で一気に各階のボタンを押すことであります。そうしますと、エレベーターは自動的に各階毎に停まってはドアを開閉しますので、良からぬ行為に及ぶことは不可能になるのでありますが、そのような護身の方法をとるためにも、見知らぬ男性と二人きりでエレベーターに乗った時は、自分がボタンの側に立つことが大切なのであります。

付言しますが、私は女性一人のエレベーターには決して乗らないことにしているのであります。何故なら、その女性に緊張感や恐怖を感じさせるのも気の毒ですし、それに最近は必ずしも心根の優しい女性ばかりとは限らず、痴漢の汚名を着せられて苦しい立場に置かれた男性のニュースも無きにしも非ずでありますから、狭いエレベーターの中で女性と二人きりになって、万が一にも身に覚えのない汚名を着せられる事があってはならないからであります。

これもまた、護身術の一つであります。護身術は何も、女性に限ったことではないのであります。

17

ずり下げズボンは命取りの巻

精神の弛緩を象徴する風体

「緊褌《きんこん》一番」という言葉があります。といっても、現代の若い世代には意味不明の言葉かも知れません。

先日、女子学生さんに「釣瓶《つるべ》落としの秋の日」ということを言いましたら、「つるべとは、落語家のくせに落語はやらないで、NHKの家族に乾杯に出演している鶴瓶のこと？」と反問されましたが、釣瓶というのは、昔、井戸の水を汲む為に縄でつり下げた桶を滑車で上げ下げしたものですが、これを落とす時に凄まじい速さで落下するので、秋の落日の速さをこれに譬えたものであります。

然し水道施設が完備して久しく、井戸というものが見られなくなった現在、若い人たちが釣瓶を知らなくなるのも宜なるかなと、改めて感心したものであります。

余談はさておき、緊褌とは褌をきつく締めることですが、褌という下着の習慣もまた、失われて久しいのですから、「緊褌一番」の意味も解らなくなるのは当然でありましょう。昔の男性は常に褌を締めていたのですが、ここ一番の勝負に出る時には、特に褌をきつく締め上げて事に臨んだところから、「緊褌一番」とは、心を大いに引き締めてかかることを意味したのであります。

そして、これの反対が「ゆるふん」でした。褌が緩んでいるように、精神が弛みきった、だらしない状態を指す言葉でありました。現在ならさしずめ、街頭のあちこちで見られる若い男性の、あの何とも見苦しいずり下がりズボンスタイルを指すのでありましょう。

まさしく精神の弛緩を表現する以外の何ものでもない、あのずり下がりズボンスタイルの男性を見るたびに念頭に去来するのは、この男は何のためにこのようなだらしなく、然も危険極まりない姿をしているのであるかという疑念であります。

無様で危険な男性風俗

ファッションというものは、人間の五官まで狂わせるもののようであります。従来の人間の感覚では、下着のシャツはきっちりとズボンの下に納めなければ気持ちが悪くて、何となく落ち着かなかったものですが、現代女性のトレンドは、下着も上着も極端に短くなるとともに、ズボンの股上も極端に短くなり、お臍とともに腰回りの肉付きを見せるのが大流行、なかには臀部の窪みまで見せてくれるサービス精神旺盛な若い女性も時に見かけますが、これなどは大いに男性を喜ばせるものですから、その点では無駄ではありませんが、その代わり痴漢を誘う危険は常につきまといます。

その女性のファッションに比べますと、若い男性のあのズンダレたファッションは、無意味ですね。あの姿を見て喜ぶ女性など先ずいないのですから、誰を喜ばせるものでもなく、全く無駄でだらしないばかりではなく、危険極まりない姿なのであります。

昔の男性は事に処する時には褌さえ締め直したというのに、あのズンダレズボンでは第一、危険に遭遇しても逃げることさえ満足に出来ない上に、万一誰かに襲われたら、対等に相手することさえままならないでしょう。

映画などでも、最近の暴力シーンは正視するに偲び難いほど凄惨なものが多いのですが、昔の暴力シーンはかなり男性的で然も紳士的でしたが、その暴力場面でよく出てきた光景が、相手の上着の両襟を取って引き下げることで、相手の腕の自由を奪うシーンでしたが、これなどは喧嘩のプロの常套手段だったのであります。

徒らに喧嘩を勧める訳ではありませんが、この方法をずり下げズボンに使われたら目も当てられません。すなわち、弛みに弛んだズボンの股ぐらを摑まれて引きずり降ろされ、或いは引きずり倒されたら、まことに無様《ぶざま》な体たらくになるのであります。

「治にいて乱を忘れず」とか、或いは「敷居を跨げば男には七人の敵有り」という諺がありあります。男性たるもの、常に万一に備える心構えが大切であります。

18 貸したつもりがトラブルの巻

身内への貸し金は戻らない

私の知り合いに、定職にも就かず、職場を転々としている兄から絶えず借金を申し込まれて、難渋している女性がいます。やれ倅が大学に入学するので入学金二百万円ほど貸してくれ、やれ倅の授業料を百万円ばかり都合付けてくれ、やれ女房が入院したので……という具合にである。その都度必ず「直ぐに返すから」というのでありますが、未だ一度も返したことがないそうであります。

親兄弟や親しい身内に借金を申し込む人間は、先ず最初から返済する気は無いと思って間違いないのであります。返す気がないから安易に借金を申し込むのであり、甘えの一種であります。

そして、親兄弟を騙して借金を重ねているような人間ほど、自らの生活を切りつめようなどという殊勝な心根は持ち合わせておらず、贅沢三昧な生活をしているものであります。

ですから、私は彼女に「貸してやるから調子に乗って、際限もなく妹に甘えてくるのだから、本当に困っているのだったら、少し厳しい想いをさせてみた方がいい」と忠告するのですが、そこは兄妹の肉親の情愛というものですか、ついつい兄にむしり取られてしまっているようであります。

これも私の知り合いですが、あちこちから随分借金を重ねながら、何かといえば一家総出で温泉旅行をしている家庭があります。それも大抵一週間ぐらいの長期宿泊。生活じたいも派手なので、或る時尋ねたことがあります。

「随分借金があるのに、生活は豪勢だね。一家総出で温泉旅行だなんて、羨ましい限りだよ」と。

すると彼曰く。「ああ、温泉旅行ね。あれは借金取りから逃げているんだよ」であります。借金取りから逃げるのに豪勢な温泉旅行――その費用は何処から出ているのか、何となく割り切れない気がする話ではあります。

筆者の甥に当たる青年が或る日訪ねてきて、実は今回会社を辞めて独立することにしたので、その資金百万円を貸してくれと言うのであります。

「一ヶ月後には退職金が入るので、そしたら直ぐにお返ししますから」と彼。

「一ヶ月後に退職金が出るのだったら、何も借金してまで、急ぐことはないではないか。退職金で事業を始めたらいいではないか」と私。

「そうですか。貸したくないのですか。じゃあ、貸して貰わなくてもいいですよ。そうですか」と、嫌味を言いながらも彼はあっさりと引き揚げましたが、以来三十数年、同じ京都に住みながら、一度も顔を合わすこともなくなった次第でありますが、身内に借金を申し込むのは先ず返済の意志無しと思って間違いないようであります。

恐らく、こういうのを「駄目元《だめもと》」というのでありましょう。借金申し込んでみて、駄目で元々じゃないか、という安易な気持ちでしょうが、このような人は先ずまともに借金を返してくれるとは思われないのであります。

昔から、「借りる時の仏顔、返す時の閻魔顔」と言います。身内に金を貸す時には、最初から返済は期待しない方が賢明であります。

男はくれとは決して言わない

親兄弟や親戚・身内への借金はなかなか返金されないばかりか、親しい仲での金の貸し借りはトラブルの原因になり勝ちであります。そして親しい仲といえば、その最たるものが男女の仲でありましょう。

最近、中年男女による殺人事件がニュースになることが多いのですが、その殆どが痴情・怨恨というよりも、「金銭上のトラブル」が原因だとあります。

大抵は男の方が女性を刃物で刺して殺害しているのですが、筆者に言わせると、男が刃物で女を刺すという現代風潮は納得のいかないものであります。

本来、刃物に限らず、得物を持って、素手の相手に立ち向かうなど、卑怯未練な行為であって男子の取るべき行為ではないのですが、相手が自分より遥かに強力で、然も複数で襲ってきた時など、身の危険を感じた時には得物を持って応戦することもやむを得ないかも知れません。

にもかかわらず現代は、自分より遙かに非力な女性に向って刃物を使う男が随分多くなりましたが、男の風上にも置けない男が多くなったものであります。

それは兎も角、親しい男女の仲――特に愛情関係にあるなかで、金銭の貸し借りをするようになると、大体愛情は薄れているものと考えていいのであります。

男性が自分とそのような関係にある女性に金を貸してくれと言い出したら、もうその女性に対して愛情は無くなっていると考えて間違いないのであります。男は自分が本当に愛している女性には、「金を貸せ」などとは言えないものであります。本当に自分が愛している女性の前では、男性は誇り高くありたいものであります。

従って女性は、男性から「金を貸せ」といわれた時点で、彼の自分に対する愛情は無くなってしまっているものと考えなければならないのであります。

然も、自分が付き合っている女性から金を毟り取ろうなどという卑劣な根性の男と雖も、一応の沽券《こけん》というものがあるものだから、決して「金をくれ」とは言わず、決まって「金を貸してくれ」というのですが、決して返済する気はない、最初から貰ったつもりなのであります。

ところが、女性の方は男性の言葉通りに「貸した」つもりですから、いずれは「返して貰う」つもりでいます。そして、ひとたび貸してやると、大抵この種の男は味を占めて、二度三度と頻繁に借金を頼むのではなく、やがては強要するようになるのであります。

そうしますと、女性の方もいずれは何となく男の態度に不信を感じ出し、彼の愛情がもはや消えてしまっていることに気づき、俄《にわか》に貸した金が惜しくなり、「返せ」「返さぬ」となって、その果ての刃傷沙汰となるのであります。

好きな男性に借金を申し込まれた時は、きっぱり断るか、くれてやるか、決断すべきであります。勿論、断る時には彼とは別れる覚悟が必要ですが、愛情関係の女性に借金を申し込むような男とは別れた方が賢明であります。

19

とどのつまりは釣鐘の巻

男の最大の急所は釣鐘

非力な女性や子供が強力な男に対して行い得る唯一の、そして最も効果的な護身術は釣鐘攻撃であります。

些か下ネタ風な話なので、抵抗感があるのですが、釣鐘とは男性の最大の急所である睾丸の、護身術に於ける名称であります。それにしても、釣鐘とはよくぞ名づけたものだと古人の命名の妙に感心するのであります。然も撞木《しゅもく》まで備わっているのですから……。但しこの撞木、鳴鐘の役には立たないのでありますが――。

冗談はともかく、最近、猥褻目的の幼少女の拉致・誘拐犯罪が激増。その対策として、警察官などが小学校などに出張して、生徒たちに護身術の手ほどきをしたりしている光景を、テレビのニュースなどでよく見かけるようになりました。

それはそれなりに効果はあるのでしょうが、摑まれた手の解き方とか、或いは大声のあげ方とか、いろいろな具体的な方法が教えられているようであります。

然しそれらの護身術の具体的な技というものは、常平生の訓練無くして、大人の暴漢に襲われた時の幼い子どもたちに咄嗟に出来るものでもなく、また、身の危険を感じた時には必死になって大声を出しているつもりでも、意外と小さな声しか出せないものでありま す。

急所に対する無知が事故を招く

それよりも筆者は、女性や子どもたちには、男性最大の急所が釣鐘であることを教えておくべきだと考えているのであります。

最近、特に目立つのが校内暴力や、或いは教師による体罰などによる怪我、それも重傷や時には死に至らしめるなどの悲惨な事故が多いことでありますが、恐らく現代の子どもたちは勿論、教師に至るまでが人間の急所に対する無知が原因であり、そして、その原因は少子化による過保護にあるのではないかと思うのであります。

兄弟姉妹が多かった昔の家庭では兄弟喧嘩の絶え間が無く、また子どもたち同士が相撲を取ったり喧嘩をしたりして、絶えず縺れ合って成長していったものですが、その間に親や大人たちに教わったり、或いは縺れ合いのなかで自ら会得したりして、急所というものを知り、其処を避けて攻撃することを覚え込んでいったものであります。

「満州事変」という日中戦争勃発の年に生を受けて、中学生までを軍国少年として鍛えられた私たちの子どもの時代の体罰などは、現在では想像を絶する過酷且つ凄惨なものでしたが、それでも現在のように重傷を負わせたり、死に至らしめるような事件は稀というよりも、皆無に近かったのではないかと思うのであります。

ところが現代では、若い教師までが急所を知らずに体罰を加えて、重大事件を起こしてしまっているのであります。

誰にでも出来る防御法

急所を知ることは、不幸な現象を避けるためにも、護身のためにも必要であります。今多くを語ることは出来ませんが、先ほどから言っているように、男性の最大の急所は釣鐘であり、ここがまた最も攻撃し易い急所なのであります。

「攻撃は最大の防御」といわれていますが、釣鐘攻撃は最大の防御法であります。他にも急所は幾つもありますが、どの急所も小さくて、そこに的確に打撃を与えるためには相当な修練が必要であります。その点、釣鐘は体の部位からして解り易い上に、至極攻撃がし易いのであります。

打撃には、それに相応しい距離が必要であります。離れていれば蹴りあげる。然し、蹴るのにもかなりの訓練が無ければ、的確には打撃が与え難い。少し近づけば拳で打つことが出来ます。これは蹴りよりは容易で、然もより的確であります。

では、襲撃者に体を密着されて、相手との間に隙間が無い時はどうすればいいか。その時は相手の釣鐘を摑む、すなわち握り締めるのであり、これが一番容易な技で然も最も襲撃者に打撃を与えるのであります。

私の恩師の師範は、女性の弟子たちによく次のように教訓していたものであります。

「暴漢に襲われたら決して抵抗するな。無駄な抵抗のために命を落とすことになりかねない。それよりも、素直に身を任せる振りをして、相手が油断したところを狙い澄まして釣鐘を握り締めろ」と。

多分、暴漢は悶絶する筈であります。

20 自然体に敵なしの巻

失われゆく「柔」の精神

昔の日本本来の柔道に比べると、現在の柔道は随分変りましたね。特に柔道が世界の柔道となって、オリンピックの競技種目となってからは、月とすっぽん位に汚く変ってしまったようです。

昔の柔道には体重制などは勿論なく、そこには「柔よく剛を制す」の見事さがありました。技が力を制して「小よく大を制した」のですが、現在では無闇矢鱈に力で押してくるだけの格闘技になってしまったようであります。特に、見栄も誇りもかなぐり捨てて、唯ひたすら勝負にのみ執着する外人の柔道姿には、柔道本来の美しさは片鱗もないようであります。

柔道は本来、美しい武道だったのであります。先ず白い柔道着に黒帯を締めた姿からして美しく、それに審判も同じ稽古着姿で、対戦者と審判と、この三者の凛とした姿が試合場の空気を引き締めたものであります。

それは兎も角、今筆者が言わんとしているのは、現在の柔道から失われてしまいつつある「柔」の精神こそが、護身術の基本だということであります。

すなわち相手が押せば退き、退けば進み、決して相手の力に逆らわずに、相手の動きに従いつつ、相手の隙を見て一瞬に、相手の力を利用して倒すのが「柔」の道であったのであります。

そして、その「柔」の理念を象徴しているのが、柔道の基本の構えとも言うべき「自然体」なのであります。

構えなき構え「自然体」

武道には基本の構えというものがあります。剣道には正眼の構え・上段の構え・下段の構えというように、戦うための基本の構えが幾種類かありますが、柔道には「自然体」と「自護体」の二種類の構えがあり、この二つにそれぞれ右左の構えがあるに過ぎません。所謂「右自然体・左自然体」「右自護体・左自護体」でありますが、ここでお話しようとするのは柔道の最も基本姿勢である「自然体」についてであります。

「自然体」とは、その名が示すように、両足を僅かに開いて、極めて自然に立った姿であり、これを筆者は「構えなき構え」と呼んでいるのです。

自然体は、わたしたちの普通の姿であって、何ら特定の構えでありません。そして、特定の攻撃に対する構えではないので、逆に如何なる攻撃に対しても即座に対応することが出来る「構え」といえるのです。

そして、この自然体の精神は人生護身術に於いても大変大事なことなのであります。すなわち構えというものは、相手の構えを誘うものに他ならないのであります。こちらが身構えるということは、相手にも警戒心を起こさせて、身構えさせることに他なりません。

すべてが武器になる

お互いが構え合って戦えば、強い方が勝つに決っています。こちらが身構えなければ、相手は油断をします。そして、油断を衝かれると、必ずしも強いものが勝つとは限らない事態が起り得るのであります。

キリストに「剣を以て立つものは剣によって滅ぶ」という言葉があります。特定の武器を頼りに身を護ろうとする者は、その武器を失った時に破滅するという意味ですが、反対に仏教には「無一物中無尽蔵」という言葉があります。この名言については後の「無一物中無尽蔵の巻」で詳しく述べますが、僧は本来何ものも持たない代りに、宇宙のすべてを我がものとする豊かさのなかに生きている、ということです。

これを護身術に当て嵌めると、頼るべき特定の武器を持たないから、臨機応変に、その場にあるすべてのものを咄嗟に武器とすることが出来るということなのであります。

北朝鮮の核実験を機に、日本でも核保有論議が盛んになりましたが、先にも既に述べましたように、筆者は満州事変という日中戦争勃発の昭和六年に生まれて、昭和二十年の太平洋戦争敗戦までの十四年間を戦争のなかで育ち、最後には中学二年生で「鎮西学徒通信隊」という名で連隊に召集されたのですが、当時の日本は国力の総てを軍備に費やしながらも、結局はより強大な軍備の前に敗戦の憂き目を見たのであります。

そして一方敗戦後は、軍備を持たないという「平和憲法」を逆に武器として、外国を攻めず攻められずに六十年の長きにわたって経済発展を遂げてきたのですから、考えてみると、現代では、軍備必ずしも自衛の武器になるとは限らないようですね。

そういえば、曽ては地上の王者といわれたマンモスは、自分を護る武器である牙が大きくなり過ぎて自滅したといわれていますが、自己防衛の構えが逆にわが身を滅ぼすことがあることを知っておくことも大事であります。

「和顔愛語」に敵なし

キリストには、「幸いなるかな柔和なる者、その人は地を継がん」という教えもあります。この地上で繁栄するためには、柔和でなければならないという意味です。猛獣たちはこの世界では繁栄することを許されず、絶滅の危機に瀕しながら山奥に追いやられ、或いは動物園の檻のなかで辛うじて生かされているのですが、犬や猫たちは人間と一緒に生かされているのであります。

四字熟語に「和顔愛語」というのがあります。柔和な顔に優しい言葉という意味であります。キリストと仏教とを交互に出すようですが、これは本来仏教語で、菩薩が衆生を救うために優しい姿、優しい言葉で働きかけられることを意味しているのです。

俗な諺に、「尾を振る犬は打たれない」というのがあります。犬嫌いの人でも尻尾を振って寄ってくる犬を殴るようなことは出来ないということですが、優しい顔で優しい言葉の人を攻撃するようなことは、普通の人には先ず出来ないことであります。

とはいえ、可愛い盛りの幼子が拉致されて殺害されるという異常な現代の日本です。油断は禁物であります。和顔愛語を忘れずに、然も警戒は怠ってはなりません。

例えば、街頭などでならず者に故なき言い掛かりなど付けられた時は、ともかく和顔愛語で謝るのが一番ですが、それでもどうにもならない時は、謝りながら攻撃するのです。相手が謝っている時には、人は油断するものですから、その油断を衝いて急所を攻撃して、一目散に逃げることが肝要であります。

21 巧言令色鮮し仁の巻

言葉に弱い女性の弱点

先に和顔愛語で、優しい言葉で油断させておいて攻撃する話をしましたから、今度は反対に、優しい言葉に油断するなという話をしましょう。

論語に「巧言令色鮮《すくな》し仁《じん》」という言葉があります。これは中国の聖人孔子の言葉ですが、戦争中の日本の小学校でよく教えられた言葉であります。

意味は、「歯の浮くような」お世辞を平気で言ったり、顔色をつくろったりするような人には本当の思い遣りの心などはない——ということであります。

「見え透いた嘘」という言葉がありますね。見え透いた嘘を平気で言う人があります。

見え透いているのだから、誰もこの嘘に引っかかる筈はないと思うのですが、それが引っかかるのですね。そして、女性にその被害者が多いのです。何故か。それは、女性が本質的に言葉に弱いからであります。

筆者は先に「神」という文字を二つに分けて、偏の「示す」は肉体的表現であり、旁《つくり》の「申す」は精神的表現であると言いましたね。そして示すは女性を、申すは男性を表すとも言いました。

すなわち、これは男性の言葉に対して女性が肉体的に反応しやすいということを意味しているのです。要するに、女性は男性の優しい言葉に弱いという事なのであります。だから、それなりに教育もある女性が、とんでもない男に引っかかって、生涯を食い物にされている姿を往々に見ることがあるのであります。

筆者が曽て住職をしていた寺の檀家の娘で、暴力団関係の男性と一緒になったものの、余りの虐待に堪えかねて自殺を図った女性がいましたが、事情を聞くと、出会った当初は大変優しく、その言葉に惹かれたという事だったのであります。

最近も、知り合った女性を監禁状態にした上で、食事も与えずに、虐待を重ねて死に至らしめる。それも一人ならず、複数の女性を犠牲にした男性が逮捕されてニュースになりましたが、これなども最初は歯の浮くような優しい言葉で、女性を誑《たぶらか》したのに違いないのであります。甘い言葉には呉々も用心したいものであります。

反対に、「剛毅《ごうき》木訥《ぼくとつ》仁《じん》に近し」(論語)という言葉があります。本当の優しさや真実をもつ男性は、異性に対して歯の浮くような甘い言葉は言えないものなのであります。

22　逃げ道は塞ぐなの巻

窮猫人を襲う

「窮鼠猫を噛む」という諺があります。猫に追いつめられた鼠が、愈々逃げ場がないと悟ると、逃げる立場から一点、逆襲してくることを意味しているのですが、筆者は少年時代に、窮鼠ならぬ窮猫に逆襲された苦い経験があります。

太平洋戦争末期の敗色濃厚な食料不足の時代、筆者の家庭では自給自足の一助にと幾ばくかの鶏を飼っていたのですが、或る日、けたたましい鶏の鳴き声に鶏舎に駆けつけてみると、鶏舎の金網の破れ目から猫が入り込んで、鶏を襲っていたのであります。で、筆者はどうしたか。何分にも勉強はそっちのけで、来る日も来る日も人殺しの訓練に明け暮れていた軍国少年の筆者、殺伐たる気性ですから、先ず念頭に浮かんだのが「逃がしてたまるか」という殺意であります。

先ず木刀を持ち出し、金網の破れ目を塞いでおいて鶏舎の中へ入り、猫を打ちのめすつもりで追いかけたのですが、完全に逃げ道を塞がれたと知った途端、俄に猫が少年の筆者に向き直って背中を丸めたかと思ったら、「フー」と一息吐くなり、物凄い形相と速さで筆者に向って逆襲してきたのであります。

意表を衝かれたというのは、このことでありましょう。咄嗟のこと、然も未熟な少年が猫の敏捷な反撃に対処することなど出来る筈もなく、哀れ軍国少年、顔面に鋭い爪の一撃を受け、ほうほうの体《てい》で逃げたのでありますが、その時父親に教わったのが「窮鼠猫を噛む」の諺であり、攻撃に際しては決して完全に相手の逃げ道を塞いではいけないという教訓だったのです。

何処か一ケ所に逃げ道を用意しておくと、動物は逃げることに必死になるのですが、逃げ道がないと知ると、逆襲してくるのであります。そしてこれは、人もまた同じなのですね。

言訳を聞いてやること

最近、中学や高校の少年による実の親殺しという悲惨な事件が相次ぎましたが、加害者の少年たちの殆どが進学勉強中だったということに、悲劇が胚胎しているようであります。先頃も、受験勉強中の高校生が両親を殺害した上に家に放火をしたり、或いは父親のような医師を目指して勉強中の高校生が、母親を殺害した事件がありましたが、悲劇の原因を考えてみますと、恐らく少年たちは「窮鼠猫を噛む」の精神状態ではなかったかと思われるのです。

この双方とも、父親は大変わが子に対して厳しかったようですが、筆者は必ずしもこの厳しさについては反対はしないのです。筆者が少年の頃の父親というものは、もっともっと厳しかったのですから、厳しいのはむしろいいことです。だが欲しいのは、その厳しさの底に本当の愛情があることであります。

では、本当の愛情による厳しさと、唯徒《いたずら》に厳しいだけの違いを何処で見るのかというと、本当の愛情による厳しさは、どんなにわが子を厳しく叱っても、決して逃げ道を塞いではしまわないのであります。

ではまた、逃げ道とは何かというと、言訳を聞いてやることなのです。言訳はまた、逃げ口上とも言われるように、叱責される子どもにとっては一種の逃げ道なのですから、言訳を聞いて貰えると未だ救いがあるのですが、言訳を頭ごなしに否定されることは、まさに逃げ道を塞がれた獣の如く切羽詰まった思いに駆られて、何が何だか判らなくなってしまって、反撃に出てしまうのではないでしょうか。

子どもや部下というような、自分より弱い立場のものを叱責したり、責任を追及したりする時には、有無を言わさずに攻撃をしないで、必ず逃げ道を残して置いてやることが肝腎であります。

逃げ道を塞がれた弱者ほど恐るべきものはないのであります。

23

ポケットに両手を突っ込むなの巻

直立不動は護身の役に立たない

筆者の少年時代は軍国時代であった。だから筆者は所謂軍国少年であったのですが、軍国少年の日常の基本は服装を正し、姿勢を正すことでした。学校では勿論、登下校中と雖も常に服装と姿勢を正して歩かなければならなかったものであります。

当時は、中等学校以上は「教練」という戦争ごっこが正式教科として義務化されていて、各学校に一人ずつ配属将校というのがいて、これがまことに恐るべき存在。登下校中にこれに出会って、襟のボタン一つでもはずれていたりしたら、厳しく叱責されたものでした。

姿勢を正すといえば、所謂「気を付けッ」の姿勢が基本なのですが、柔道家であった私の父などは、軍隊の「気を付け」の姿勢ほど融通の利かない、護身の役に立たない姿勢はないと酷評していたものであります。

父に言わせると、あの「気を付けッ」の直立不動の姿勢では、いざというときに、咄嗟には応戦体勢に入ることが出来ないコチコチの姿勢であり、個々人の意志を奪って唯、上官の命令のままに動く人間を作るためのものに過ぎない——というのであります。

従って、筆者は直立不動の姿勢を推奨する気は毛頭ないのですが、現代の中・高校生の姿を見て、もう少しは服装と姿勢を正してはどうかと痛感しているのであります。

両手は体の楯である

筆者の寓居近くに、進学校としては全国的に有名な中・高一貫校があり、曽てここには大変教育熱心な校長先生がいましたが、その当時の生徒たちの服装や、登下校中のマナーなどは見事なものでありました。

だが、時移り星変って、その校長先生がいなくなった途端に、生徒たちの服装も姿勢も乱れに乱れてしまったようであります。

有名校ですから列車通学生も多いのですが、朝夕の登下校時ともなれば、上着のボタンははずれてズボンはずり落ちた生徒たちが、両手をポケットに突っ込んだ蟹股姿で、狭い歩道を一杯に広がって傍若無人、学校へ、或いは駅へと歩いていて、彼らと逆の方向へ向う時などは、まともに歩ける状態ではなく、難儀させられることしばしばであります。

ところで、人生護身術道場の心得として筆者がここで指摘したいのは、この若い盛りの生徒たちの運動神経・反射神経の鈍さに加えて、両手をズボンのポケットに突っ込んでいる無防備極まる姿勢であります。

筆者の少年時代の社会通念では、両手をポケットに突っ込んで歩く姿は、所謂「不良少年」の象徴であり、「おちこぼれ」以外の何ものでもなかったのですが、それはともかくとして、両手をポケットに突っ込んで歩くのは危険極まりないことなのです。

人間の手は、実は身体の楯の役をするものなのであります。何かに躓いたり、或いは後から押されたりして転倒しそうになった時、反射的に両手はそれを防ぐ働きをし、或いは転倒してしまった時にも、身体的損傷を少しでも軽く済ませるべく両手は咄嗟に防御態勢をとるものなのであります。

然し、両手をポケットに突っ込んでいると、反射的に体を防御しようとする両手の機能を封じてしまうことになり、大怪我のもとになるのです。

加えて、最近の子どもたちは反射神経（運動神経）が鈍くなり、転びそうになっても反射的に両手が体を支えようとはせず、お腹から転んでしまうと言われて久しいのですが、その上、両手をポケットに突っ込んでいては万一の場合、大怪我をすることになります。

特にデパートや駅など、雑踏する場所の下りのエスカレーターや階段を、両手をポケットに突っ込んで下りている人を見かけることが多いのですが、あれは危険極まりない無防備な姿であります。

古い古い話ですが、昔、出征兵士を見送る人々で雑踏する京都駅のホームで、一人の見送り人の転倒がもとで多数の死傷者が出るという大惨事がありましたし、近くは明石駅（兵庫県）の陸橋でも花火見物の群衆が倒れて雪崩現象を起こして多数の犠牲者が出て、警察など警備関係者の責任問題と化していますが、雑踏のなかでは何時、何事が起こるか知れないという危険性を常に認識しておくことが肝要であります。

24 無一物中無尽蔵の巻

良寛和尚の「我が物」

仏教に、「無一物中無尽蔵」という名言があります。これは、今では余り通用しなくなったのですが、僧の生きる極意を教えたものであります。

僧は何ものも蓄えず、私有物を持たないから、逆にすべてを我が物として生きることが出来るという事なのであり、この仏教精神を如実に生きたのが、あの有名な越後の良寛さんであります。

良寛さんの生き方は極めて簡素で、一日最低三里は行乞《ぎょうこつ》して食を得ていたのですが、生活用品といえば、行乞に携える鉄鉢《てっぱつ》一つだったそうです。

勿論、鉄鉢はこれに行乞のご飯や米などの食物を入れて貰うものですが、朝起きるところで顔を洗い、食器にしてご飯を食べ、これで洗濯もするという徹底した簡素生活だったそうですが、良寛さんのもう一つの特徴は、自分の持ち物には必ず「我が物」と記入して、決して「良寛」という名は書かなかったということだそうであります。

それは何を意味しているかといいますと、自分の手許にある間は良寛さんの「我が物」ですが、他人にあげたり、或いは盗られたりしたら、今度はその人たちの「我が物」であるという、まさに物に執着しない良寛和尚の、無一物中無尽蔵の生き様を象徴するものなのであります。

剣に頼るものは剣に倒れる

キリストに、「剣を以て立つものは剣によって滅ぶ」という名言があります。

これはキリストが弟子のユダに売られて、明日は捕えられて磔の刑を受けるという予言をした時に、愛弟子の一人が剣を取ってキリストを守ろうと言い出したのに対して、キリストが与えた訓戒なのですが、ここには先の「無一物中無尽蔵」の仏教語と共に、護身術の極意が示されているのであります。

すなわち、人は何かを頼りにすればこそ、それを失った時には為す術を知らなくなって無力になってしまうのです。例えば剣を頼りに戦う人は、剣を失った時には無力化してしまうのです。

反対に、頼るべき何ものをも持たない人は、頼るべき特定のものを持たないために逆に、その場に応じて臨機応変に、すべてのものを武器にしてしまうのであります。

例えば、余り人を傷つけるような方法は述べたくないのですが、今は殆ど見られなくなった品物ですから、実際の役に立つことはないと思われるので、一例までに申しますと、昔の日本の家庭には必ず、火鉢というものがありました。

そして、火鉢には必ず灰に鉄製の火箸が挿してあったものですが、いざという時には、この灰を投げて相手の目潰しに使い、相手が怯んだ隙に逃げるか、どうしても逃げることが出来ずに、相手の凶器と渡り合う時には火箸を武器として敵の目を潰せ——と、筆者は修行時代に教えられたものであります。何分にも戦後の人心荒廃のなかで、拳銃強盗などが相次いでいた物騒な時代だったのです。

弘法大師に、「医王の目には途に触れて皆薬なり」というお言葉があります。勝れたお医者さんは途《みち》に生えている雑草さえも薬として活用されるという意味ですが、護身術の要諦もまた同じであります。その場その場に応じて、すべてのものを武器にする智慧を持つことが肝腎なのであります。

25 うんともすんとも言えないの巻

恐怖は声を出させない

最近、小学校低学年の幼い子どもを襲う事件が続発して、子どもだけでは安心して登下校させられないような、恐ろしい時代になりました。

といって、親や先生が年から年中、わが子や児童の登下校に付き従うことも出来ず、周囲の大人たちが学校の登下校時には子どもたちを見守ってやることが求められています。

それは兎も角、何とか子どもたちを魔の手から守ろうというので、警察官が小学校に出向いて、怪しい人物に声かけられたり、或いは車に引きずり込まれようとした時などには、大声を出して助けを求めるようにというので、大声を出す指導をしたりしている光景をテレビのニュースで見ることが多くなりました。

子どもたちを守ろうとする気持ちも判るし、その努力には感謝を惜しむものではないのですが、果たしてその効果は、といいますと、些か疑問に思わざるを得ないのであります。何故なら、何事もない平穏無事な時の訓練では大声を出せても、「いざ」という時には、容易には大声は出せないものだからであります。

ましてや恐怖に襲われた時には、声は喉の奥に張り付いて、本人は精一杯大声を張り上げているつもりでも、実際にはかすれ声しか出ていないものであります。

それにまた、「うんともすんとも言えない」という言葉がありますが、実際に恐怖に襲われますと、気持ちが動転してしまって、大声出すどころか、うんともすんとも言えなくなってしまって、あれよあれよと言う間に拉致されてしまうという事になり勝ちなのです。

ではどうすればいいのか。勿論、常平生に大声を出す訓練をしておくことも大事でしょうが、同時に、声に変って大声を出すベルや笛などの発声器を携帯しておく必要があるのではないでしょうか。

それも、唯単に「ピィーーッ」となるだけでは、たとえ周囲の大人たちに聞こえたとしても、何の音か判らないことが多いと思われるので、これほど科学の発達して、人工声が溢れている時代ですから、ボタンを押すだけで「助けてーーッ」と大声を発する小型の発声器を作って、子どもたちに持たせるようにしたらいいのではないかと思いますが、どうでしょうか。

誰か、そのような発声器を作って売り出しませんか。大当たりすると思うのですが——。

26

体を横に向けるだけでいいの巻

横向きにエスカレーターに立つ

最後に、護身術の技術の基本について、極めて簡単に触れておきます。

本書の最初の方でも述べましたように、護身術の実技を身につけることは容易なことではありません。長い間の修練と、その厳しい修練に耐え得る強靱な体力とが必要であります。

然し、それでは本当の意味の護身術にはならないのです。本当に護身術を必要とするのは、そのような修練には耐え得ない弱者ですから、そのような人のためにアドバイスしておきたいと思います。それは、攻撃された時の防御についてであります。

デパートの雑踏のなかでのことです。勿論、エスカレーターにも多くの人が乗っていました。両手に買い物袋を提げた中年の外国人男性が、下りのエスカレーターに乗るなり、端の方に身を寄せて横向きに立ったのであります。

感心しました。「ポケットに両手を突っ込むなの巻」でも述べたように、混雑する下りのエスカレーターでは、何時、どのようなことで上方の人が倒れ込んで、雪崩現象が起こらないとは限らないのであります。

その危険は常に予想して、手摺りを持つとか、万全の用心をしておく必要があるのですが、その外人さんは、両手に荷物を提げているため、手摺りを持つことが出来ません。代わりに横向きに立ったのでしょうが、恐らく護身術の心得があるのでしょう。

両手が塞がっている時は、本当はエレベーターに乗る方が無難だと思うのですが、やむを得ずエスカレーターに乗る時は、横向きに立っている方が、万が一にも雪崩現象が起こった時には衝撃が少なくて済むのです。

そして、体を横に向けるという事は、攻撃から身を護る防御の基本なのであります。

下りのエスカレーターに真正面向きに立っていますと、万一の時にはまともに衝撃を受けることになるとともに、下りの方向だけを見ているので、自分の背後の上段の方で何事が起こったのか知ることが出来ず、突然まともに背中を押されることになり、防御など出来ません。

背中は人間の最大の弱点であります。不意打ちにここを攻撃されると、避けようがないのであります。

然し、横向きに立っていますと、上段で何事かが起こったら、その気配を察知することが出来、咄嗟に事態に備える身構えが出来て、それだけ衝撃を少なくすることが可能なのであります。

国定忠治の喧嘩殺法

古い話とお笑いでしょうが、東海林太郎の『赤城の子守歌』で有名な国定忠治にまつわる話であります。

彼は数重なる修羅場をくぐり抜けて男を売って来たのですが、決して剣法に勝れていたのではなく、彼独特の喧嘩殺法で生き延びてきたのです。

では、その喧嘩殺法とはどのようなものだったのでしょうか。晩年の彼の左腕は古傷だらけで、臂の関節が固まってしまって、動かなくなっていたと伝えられていますが、それは彼の喧嘩殺法が左腕を楯にしての捨て身の剣術だったからなのです。

彼は、斬りかかってくる敵の懐に飛び込み、敵の刀を左腕で受けて、右手の刀で相手を刺すという、まさに捨て身の喧嘩殺法で常に相手を倒してきたのです。

「切っ先三寸」という言葉があります。それは、如何なる名刀と雖も切っ先三寸のところでしか人は斬れない、ということであります。

従って、すべての武術がそうですが、実戦に於いて大事なのは、間合いを測ることであります。相手が間合いを測って振りかぶった瞬間、相手の懐に飛び込んで左腕でこれを受ければ、相手の間合いは狂って、刀は柄元が腕に当たることになり、傷は付くでしょうが、腕を切り落とすほどの切れ味は発揮出来ないのであり、この喧嘩殺法で国定忠治は修羅場をくぐり抜けてきたのであります。

護身術の基本は腕と体を開く

さて、横向きにエスカレーターに乗った外人さんの話から、突然国定忠治の喧嘩殺法へと、長々と話しましたのは、実は打ちかかってくる攻撃を避ける防御の基本は、この喧嘩殺法にあり、突いてくる攻撃をかわす防御の基本は、体を横にすることだからであります。すなわち、護身術の基本は腕を楯にして体を開くことに尽きるのであります。

難しい技は、簡単には出来るものではありません。然し、打ちかかってくる暴漢の拳を、左腕の肘を曲げて、これを楯にしてはね上げることは誰にでも簡単に出来ることであります。

そして本当は、同時に右手を以て相手を攻撃するのですが、そこまでゆくにはそれなりの修練が必要ですから、兎に角、相手の攻撃を防御しておいて、いち早く逃げて、身を隠すことであります。武道の極意は、「速さは力なり」といわれるのですから、逃げるのも敏捷でなければならないのであります。

そして次に、突いてくる攻撃を避ける防御の基本は、体を横にすることであります。これを「体《たい》を開く」というのですが、何も大仰《おおぎょう》に体を開く必要はないのです。外人さんがエスカレーターに乗って、さり気なく横向きに立ったように、突かれる瞬間に体を横に向けるだけでいいのです。

むしろ、余り大袈裟に体を開き過ぎると、相手の攻撃した腕との間が開き過ぎて、相手に二の矢を放つ余裕を与えてしまうのであり、相手の拳や凶器との間隔がないほど、相手は次の攻撃に移れないのであります。

そしてここでも、本当は体を開くと同時に、攻撃してきた敵の腕を摑んでねじ上げるのですが、そのような高度の護身術には修練が必要であり、間違ってもそのようなことは考えずに、いち早く逃げることであります。昔からの諺にも、「逃げるが勝ち」というのがあるのですから――。

以上、筆者の拙い「人生護身術道場」、少しはお役に立ちそうでしょうか。いや、本当はお役に立たない方がいいのですよね。

付　遠くの富士山は美しいの巻

怨憎会苦の母娘の話

取り敢えず護身術の話は終りましたが、ここで本書の副題「仏の智慧は最高の武器」に相応しく、極めて簡単な仏教の話を付記しておきたいと思います。

母一人娘一人の実の親子でありながら、明けても暮れても言い争いが絶えない一家があります。

母親の方はなんともう九十歳を超え、娘も七十になんなんとしているのですが、争いの絶える時がなく、母親の方は隣近所に娘の愚痴をこぼして廻り、娘の方は、その母親の習癖に堪らずに逃げ出した亭主の許にまで出かけて、「もう死にたいわ」とか「死んでも同じ墓には入りたくない」と訴える始末なのであります。

息子夫婦が同居しているのですから、母親の面倒は嫁に託して、娘の方は家を離れてみればいいのですが、それもせずに顔をつきあわせて暮しながら、短い人生を面白くもなく過ごしているのであります。

「四苦八苦する」という言葉がありますね。散々難儀するという意味に用いられているのですが、本来は仏教語であり、命あるものが避け得ない四つの苦しみと、人間として遭遇する四つの苦しみを指すもので、最初の四苦とはいわゆる生・老・病・死、そして愛別《あいべつ》離苦《りく》・怨憎会苦《おんぞうえく》・求不得苦《ぐふとっく》・五陰盛苦《ごおんじょうく》の四苦を併せて「四苦八苦」というのであります。

愛別離苦とは、愛する者と生き別れ、死に別れしなければならない苦しみであり、怨憎会苦とは、憎しみ合う者が顔つき合わせて生きなければならない苦しみを指すのでありますが、先の母と娘などはまさに「怨憎会苦」の典型なのでありましょう。

「家」に呪縛された昔の結婚

家庭といえば、昔は人間の最後の安らぎの場として考えられていましたね。そして、ここでの苦しみといえば「愛別離苦」でした。すなわち、最も愛する者といえばそれは家族・肉親でありますが、いずれはその愛する肉親とも死に別れなければならないからでありました。

勿論、家庭には昔から「怨憎会苦」もありました。先の実の母と娘との間にもそのようなことが稀にはありますが、典型的なものは嫁姑の確執でありました。この嫁姑の確執が、如何に旧い日本の「家」を陰惨なものにしてきたか知れないのであります。

「嫁」という文字が象徴しているように、昔の日本では、結婚は女が夫にではなく、夫の「家」に嫁ぐ事だという観念が強く、従って嫁は、家の仕来りや姑の無理難題にひたすら忍従を強いられて、怨念の夜叉と化していったのであります。

然し、戦後の個人主義は、結婚をしてこの「家」という概念を打破せしめて、結婚は男女両性の合意に基づく夫婦の契という思想を確立した――かのように見えたのですが、結婚に於ける「家」の呪縛は容易には解消し難いもののようで、未だに結婚式に際して、何々家・何々家両家の結婚式などと呼ばれているのですが、これが私には不思議でならないのですね。結婚するのは男女両性であって、家ではない筈なのですが、普段は進歩的なことを言っている人が、いざ自分や或いは自分の子どもの結婚式となると、未だに旧い仕来りや呼称に、何らの疑問も感じなくなるのが不思議であります。

然し、それでも現代の日本女性は昔の女性に比べると「家」の呪縛から解放されて、自由を謳歌しているようですが、今また別の意味での新しい「家」の呪縛が始まっているようであります。すなわち、「家族」の崩壊現象であります。

人の仇はその家の者なるべし

これまで「家」は最後の安息の場であり、「家族」は癒しの源泉だったのですが、それが現代では怪しくなってしまったようであります。

これまで述べてきました護身術の数々は、すべて他人からの攻撃を念頭に置いたものでしたが、今の世の中、他人の攻撃だけではなく、家族の攻撃にも対処する心得が無ければならなくなったようであります。

ここ暫くの間に、テレビや新聞のニュース欄を賑わしたのは、家族間の凄惨な殺戮事件でありました。

親がわが子――それも幼い乳幼児を床にたたきつけて殺したり、餓死させるかと思えば、子どもが両親を殺して家に火を付ける。まさに親子関係の崩壊であります。

せめて兄弟姉妹だけは仲良くしているのかと思えば、兄が妹を殺して遺体を切り刻む。亭主では、古来「一心同体」「偕老同穴」と言われてきた夫婦は、といえばこれもまた、亭主が長年勤め上げてきた会社を定年になって退職金が出た途端に、慰謝料を狙って妻が熟年離婚を申し出るばかりか、夫が妻を刺殺し、妻が熟睡中の夫を撲殺して遺体を切り刻んで、塵芥のように捨てる。

「人は独りで居るから孤独なのではない。結婚するから孤独なのである」という言葉がありますが、まさに名言というべきかも知れませんね。

キリストに、「それ我が来たれるは人をその父より、娘をその母より、嫁をその姑より分かたん為なり。人の仇は、その家の者なるべし。我よりも父または母を愛するものは、我に相応しからず。我よりも息子または娘を愛する者は、我に相応しからず」と言う言葉があります。

これは真の安息を家や家族――すなわち肉親の情愛に求めようとすることの虚しさを説き、主の在《まし》ます天国のみが真の魂の安息所であるというキリストの深い教えでありますが、まさに現代は「人の仇は、その家の者なるべし」という状態になってしまったようであります。

では、どうすれば家族からの攻撃を防御することが出来るか――という、大変な難問題を抱えることになりますが、如何にキリスト様が「人の仇は、その家の者なるべし」と言われたからといって、親兄弟を目の仇にして、家の中でも油断も隙もないというように身構えてばかりはいられないのであります。

昔は、無心に眠っている者を攻撃するなどという非情なことは出来ないものとされていました。大人の寝顔というものは、起きている時には隠されている人生苦・人間苦に、疲れ果てた表情が露わに出るものであります。だから、昔の妻たるものは夫より遅く就寝して、然も夫より早く起きて、決して夫に寝顔を見せなかったものです。

従って、人間の寝顔は攻撃どころか、憐れみをこそ感じさせるものでしたが、亭主が寝込んだところを撲殺して、遺体をバラバラにするとなると、亭主たるもの女房より先には眠りにつけず、女房より遅くまで眠りこけている訳にはいかないという恐るべき時代になったものであります。

長い結婚生活のなかで、離婚を考えたことのない亭主はいない——という言葉がありませ。では、女房殿の方はどうかというと、亭主に対して一度も殺意を抱いたことのない女房はいないといわれているのであります。かといって、毎晩ヘルメットを被って寝に就く訳にもいかないのですが、男に比べて女の方の怨念が恐ろしかったのは、女性の方がそれだけ「家」に呪縛されていたからであります。

では、これら救い難い様相を呈する家族関係の縺れを解くにはどうすればいいのか。実は、誰にも出来る最も簡単な解決策があるのであります。

離れて見ることの大事

仏教に「中道《ちゅうどう》」、儒教に「中庸《ちゅうよう》」という思想があります。詳しく解説するとかなり難しいのですが、簡単に言えば「中道」も「中庸」も物事に囚われない生き方であると言うことですが、では、物事に囚われないためにはどうすればいいかといえば、そのものから「離れる」ことであります。

筆者が若い頃、師匠によく言われたのは「遠くのものは美しく見える」という事でした。諺にも「夜目遠目傘の内」と言うのがありますが、要するにはっきりしない方が女性は美人に見えるという事でしょう。

遠くの富士山——それも冠雪の富士山は真《まこと》に美しいものですが、近づいてみるとガラクタや塵芥だらけの汚さだそうであります。

一つ家に顔つき合わせて生きていると、家族の汚い処ばかりが見えてきますが、そういう時には、離れて見ることが大事であります。離れて見ると、今度はいいところばかりが見えてきて、懐かしさを覚えるようになるものであります。

海外旅行をした人がよくいう言葉に、「外国に行ってみて初めて日本の国の良さが判った」というのがありますが、離れて見なければ判らない良さというものもあるのであります。

距離を置くということは、人と人との問題のみならず、人生の諸問題すべてに通用する護身術（この場合は処世術というべきかも知れませんが、処世術もまた護身のためなれば、護身術といっても差し支えないでしょう）であります。

例えば、これはまことに他愛ないことなのですが、講演中にふっと話に詰まってしまうことがありますが、そのような時には兎も角、話の筋を思い出そうとして必死になり、そのために逆に頭が混乱してしまい勝ちなのですが、そこは冷静に自分の姿を見てみますと、必ずと言っていいように、演壇に乗り出すように迫っている自分の姿に気づくのでありま す。

そこで、冷静に演壇から一歩退いてみると、意外と簡単に話の筋を思い出すことがあるものですが、必死になっていると、この簡単なことがなかなか出来難いものなのですね。

人生の諸問題すべてがそうであります。物事がうまく行かない時には、その問題から離れてみることであります。

家の問題に苦しむ時には家から離れ、人と人との問題に悩む時にはその人から離れてみることが大事であります。そうすると意外と、問題の解決法が浮かんだり、或いは今まで見えなかったその人の良さが見えてきたりすることが多いのであります。

親子の問題にしろ夫婦間の問題にしろ、どうにもならないほどに拗《こじ》れてしまったら、相手を自分の気に入るように変えたいと思う前に、先ず自分がその場を離れてみることです。先の両親を殺して家に放火をした高校生も、妻を刺殺した夫も、夫を撲殺した妻もそうなる前に何故に、高校生の方は家を出て働いてみようと思い、そして夫婦の方は別れようとは思わなかったのかと疑問に思うのであります。

高校生の方は親や家に執着するが故に離れ得ず、夫婦の方もまた、互いに執着するが故にこそ悲劇を招来したのであります。

仏教は、すべての不幸の原因を執着にありと喝破しているのであります。解決不能と思われる難問題に直面したら、頭に血を上らせずに、先ずその問題から離れてみることが大事であります。

今井幹雄（いまい　みきお）

現　在『六大新報』主筆
著　書『それ迷信やで—迷信列島漫才説法』
『誤殺—真説福岡誤殺事件』
『深く経蔵に入りて智慧海の如くならん』
『歓喜の思想』
『霊験』
『七福神物語』
『仏具と法話』
『仏教を推理する』
『理趣経　百字偈のいのちを汲む』
『理趣経　勧請句に学ぶ』
『秘境　邪馬台国』
『密教法具に学ぶ』
『沈黙の菩薩』
『修法』
『真言宗昭和の事件史』
『今井幹雄著作集』Ⅰ・Ⅱ・Ⅳ・Ⅴ
『真言宗百年余話』１・２・３巻・別巻
他

人生護身術道場
仏の智慧は最高の武器

2007年（平成19年）５月18日　初版第１刷発行

著　者——今井幹雄

発行者——今東成人

発行所——東方出版㈱
〒543-0052　大阪市天王寺区大道1-8-15
Tel. 06-6779-9571　Fax. 06-6779-9573

装　丁——森本良成

印刷所——亜細亜印刷㈱

落丁・乱丁はおとりかえいたします。

ISBN978-4-86249-070-4